À ma femme

Nas E. Boutammina

Le Malāk, entité de l'Invisible

Dans les mêmes Editions

- NAS E. BOUTAMMINA, « Musulmophobie - Origines ontologique et psychologique », Edit. BoD, Paris [France], décembre 2009.
- NAS E. BOUTAMMINA, « Les Jinn bâtisseurs de pyramides…? », Edit. BoD, Paris [France], janvier 2010.
- NAS E. BOUTAMMINA, « Jésus fils de Marie ou Hiyça ibn Māryām ? », Edit. BoD, Paris [France], décembre 2010.
- NAS E. BOUTAMMINA, « Moïse ou Moūwça ? », Edit. BoD, Paris [France], janvier 2010.
- NAS E. BOUTAMMINA, « Abraham ou Ibrāhiym ? », Edit. BoD, Paris [France], février 2010.
- NAS E. BOUTAMMINA, « Mahomet ou Moūhammad ? », Edit. BoD, Paris [France], mars 2010
- NAS E. BOUTAMMINA, « Le Jinn, créature de l'invisible », Edit. BoD, Paris [France], janvier 2011.
- NAS E. BOUTAMMINA, « Français musulman - Perspectives d'avenir ? », Edit. BoD, Paris [France], mai 2011.
- NAS E. BOUTAMMINA, « Judéo-Christianisme - Le mythe des mythes ? », Edit. BoD, Paris [France], juin 2011.
- NAS E. BOUTAMMINA, « Les contes des mille et un mythes - Volume I », Edit. BoD, Paris [France], juillet 2011.
- NAS E. BOUTAMMINA, « Y-a-t-il eu un temple de Salomon à Jérusalem ? », Edit. BoD, Paris [France], aout 2011.
- NAS E. BOUTAMMINA, « Les contes des mille et un mythes - Volume II », Edit. BoD, Paris [France], novembre 2011.
- NAS E. BOUTAMMINA, « Les ennemis de l'Islam - Le règne des Antésulmans - Avènement de l'Ignorance, de l'Obscurantisme et de l'Immobilisme », Edit. BoD, Paris [France], février 2012.
- NAS E. BOUTAMMINA, « Le secret des cellules immunitaires - Théorie bouleversant l'Immunologie [The secrecy of immune cells - Theory upsetting Immunology] », Edit. BoD, Paris [France], mars 2012.
- NAS E. BOUTAMMINA, « Le Livre bleu - I - Du discours social », Edit. BoD, Paris [France], juillet 2014.

- Nas E. Boutammina, « Le Rétablisme », Edit. BoD, Paris [France], mars 2015. 2ᵉ édition.
- Nas E. Boutammina, « Comprendre la Renaissance - Falsification et fabrication de l'Histoire de l'Occident », Edit. BoD, Paris [France], avril 2015. 2ᵉ édition.
- Nas E. Boutammina, « Connaissez-vous l'Islam ? », Edit. BoD, Paris [France], avril 2015. 2ᵉ édition.

Collection Anthropologie de l'Islam

- Nas E. Boutammina, « Apparition de l'Homme - Modélisation islamique - Volume I », Edit. BoD, Paris [France], septembre 2010.
- Nas E. Boutammina, « L'Homme, qui est-il et d'où vient-il ? - Volume II », Edit. BoD, Paris [France], octobre 2010.
- Nas E. Boutammina, « Classification islamique de la Préhistoire - Volume III », Edit. BoD, Paris [France], novembre 2010.
- Nas E. Boutammina, « Expansion de l'Homme sur la Terre depuis son origine par mouvement ondulatoire - Volume IV », Edit. BoD, Paris [France], décembre 2010.

Collection Œuvres universelles de l'Islam

- Nas E. Boutammina, « Les Fondateurs de la Médecine », Edit. BoD, Paris [France], septembre 2011.
- Nas E. Boutammina, « Les Fondateurs de la Chimie », Edit. BoD, Paris [France], octobre 2013.
- Nas E. Boutammina, « Les Fondateurs de la Pharmacologie », Edit. BoD, Paris [France], novembre 2014.

Introduction

L'existence d'une puissance surnaturelle, *supraphysique,* est une doctrine naturelle dans la croyance de l'Islam. Néanmoins, les opinions relatives au mode et au degré de conception du *Malāk* sont au même stade que celles relatives aux *Jinn*. Invariables, les notions *malākiennes* [et *jinniennes*] n'ont subi aucune évolution notable quant à leur compréhension et demeurent généralement confinées par la culture populaire et la Tradition.

L'irrationnel entoure de soins attentifs et constants la conception du Malāk même si elle garde un certain contenu « *intellectuel* », l'idée *malākienne* va de pair avec celle du sens du divin ou de la déité. En effet, elle semble pour l'Humanité n'avoir guère d'incidence pratique, *eschatologique* dirons-nous ; tout au plus folklorique. De fait, le contexte rationaliste et scientifico-technique actuel doit bousculer l'univers du Malāk par un mouvement de « *démythisation* ». Celui-ci invite à ne plus prendre en considération les notions archaïques, aberrantes et à chercher à travers la Science des significations ontologiques.

A la lecture coranique, en principe, il tombe sous le sens que les données relatives au Malāk sont explicatives et ne peuvent se confronter aux inepties de la culture populaire [Tradition].

L'esprit humain, qui tend à caractériser la phénoménologie *malākienne*, risque de placer sa raison à faux. Le Malāk n'échappe nullement aux controverses. Au contraire, il a toujours été l'objet d'éléments métaphysiques, occultes, mystérieux, etc.

D'abord, le Malāk comporte l'emploi d'un langage, celui de la Science qui contient des règles génératives qui, à partir des propositions, en produisent d'autres. Quant à l'ontologie, elle est fournie par l'observation ou l'expérience. Appréhender le Malāk, c'est devoir exploiter les ressources d'un langage doté d'un potentiel génératif grandiose, ce qui permet d'alléger l'énigme qui l'entoure.

Quand l'élément de générativité est de nature logique, il est représenté par la *déduction*, laquelle est le plus souvent un moyen de contrôle des connaissances tiré de postulats ou de principes, un supplément aux défaillances de l'intuition. Par conséquent, formuler le Malāk ne se borne pas à discourir sur lui, à «*philosopher*» sur les choses qu'elles ne le sont pas et ne peuvent pas l'être.

I - Le monde de l'Invisible de l'Antiquité au Moyen-Âge

Jusqu'à l'avènement de l'Islam, il n'est question que du monde des *esprits*[2] et des *êtres fantastiques* nommés « *Anges* » [« *angéliques* »] qui hanta la pensée des sociétés de l'Antiquité au Moyen-Âge et bien au-delà. L'explication de ce phénomène demeure composée d'éléments culturels, cultuels, anthropologiques, linguistiques, historiques qui entretiennent des rapports nombreux, diversifiés, difficiles à saisir par l'esprit, et présentent souvent des aspects disparates.

A - *Dialectique ou glose surnaturelle*

D'un point de vue anthropologique, les croyances et les pratiques magiques se présentent dans toutes les sociétés humaines quel que soit leur degré d'évolution. L'universalisation de ces convictions qui imprègnent tellement l'Homme demandent à être définies.

Grâce aux superstitions, à la mythologie, à l'astrologie, à la magie et à d'autres subterfuges, les sociétés antiques maintenaient leur stabilité. Les monarques en connivence avec le clergé [prêtres, sorciers, etc.] exploitaient

---

[2] *Esprit*. Être incorporel inférieur à la divinité, unique ou principale, mais supérieur à l'homme. Être incorporel inférieur aux dieux principaux,

l'incrédulité des populations baignant dans l'ignorance assurent fermement leur pouvoir. Par la divination, les mystères et la magie, les religieux soutiennent l'investiture des rois et des pharaons dans un culte de divinité. Le châtiment et le pouvoir sont un droit pour ces « *dieux-humains* » ou « *demi-dieux* ». La soumission aveugle et la servitude restent un devoir pour les populations. Les privilégiés, se garantissant la protection des premiers, abusent insolemment les seconds.

Le pouvoir en place [nantis, théocrate, souverains, etc.] fixent dans la société *civile* la peur par le surnaturel et l'ignorance. En effet, la résultante de la crainte est établie sur la superstition, caractérisée par le sacré, le métaphysique, la croyance ou la pratique considérée comme irrationnelle. Elle implique une conviction dans des forces invisibles et inconnues qui peuvent être influencées par des objets et des rites. Avoir la conviction que le malheur poursuit l'individu devant lequel passe un animal [chat noir, vol d'oiseau, animal estropié, etc.] ; ou qu'une quelconque adversité touche celui qui passe devant une sépulture sans lui porter révérence sont des exemples de superstitions. Les fétiches, tels que les amulettes, les pièces, les médaillons ou les statuettes sont souvent conservés ou portés pour échapper aux mauvais esprits ou pour porter chance.

Les pratiques et les croyances superstitieuses sont plus fréquentes lorsque les situations comprennent un degré élevé de risque, de hasard et d'incertitude, en période de tensions, de crise personnelle ou sociale ; et quand les événements paraissent dépasser le contrôle humain. Ainsi, définir ce qui relève ou non de la superstition est un constat relatif.

Les croyances et certaines pratiques religieuses peuvent être considérées comme de la superstition par des « *non-initiés* ». Les pratiques populaires non orthodoxes sont souvent condamnées par les dirigeants religieux comme des parodies superstitieuses de la vraie foi.

Les pratiques ou comportements qui reposent sur l'idée qu'il existe dans la nature des puissances occultes sur lesquelles certains individus peuvent agir pour exhorter au malheur, au maléfice ou s'attirer un bonheur ou encore un bénéfice se résume sous le vocable de *magie* ou *sorcellerie*.

D'après les anthropologues, il existe des croyances et pratiques magiques dans toutes les sociétés humaines, quel que soit leur stade d'évolution. Dans certaines sociétés peu évoluées, presque tous les domaines de la « *connaissance* » sont concernés par les croyances et les pratiques magiques, particulièrement les soins médicaux. Dès lors, la *divination*, la *communication avec les morts*, l'*astrologie*, les *envoûtements* ou l'emploi des *amulettes* survivent jusqu'à présent, et même prennent de l'engouement dans les sociétés modernes.

B - *Magie, sortilège, maléfice, ensorcellement*

Depuis la plus haute antiquité, les récits de revenants, d'esprits font parties de la culture populaire qui est profondément ancrée dans la conscience collective. En Egypte, par exemple, il existe des fragments d'écrits datés de la XIXe dynastie thébaine qui narrent l'histoire d'un Grand Prêtre d'Amon. Celui-ci s'adonnant au *spiritisme* dans un tombeau en ruine, se retrouve sous l'influence d'un *guide invisible*, d'un *esprit*, dont il souhaite lui soustraire des recettes de magie ancienne. Le spectre lui relate que des siècles auparavant, il a vécu sous le règne d'un Pharaon thébain[3]. L'Egypte, par exemple, est un lieu de prédilection de l'activisme surnaturel.

1 - La sorcellerie

Nommée également *Magie*, elle est l'ensemble de pratiques caractérisant l'idée qu'il existe dans la nature des puissances dissimulées qu'il est possible d'influencer pour obtenir un malheur ou s'attirer un bien. Cette vision des sociétés primitives ou animistes est également retrouvée dans le *Judaïsme*, le *Christianisme* et dans le folklore de la *Tradition*[4]. Ces croyances expliquent tous les domaines de la connaissance par des conceptions et des pratiques surnaturelles, dont les soins médicaux en sont un exemple patent. La tradition mythico-superstitieuse occidentale, héritage des sociétés gréco-romaines explique cette dernière comme étant une étape dans l'évolution de la pensée humaine, cette dernière émerge de l'ignorance et de l'irrationnel vers la connaissance en suivant un ordre

---

[3] G. LEFEBVRE, « Romans et contes égyptiens »
[4] *Tradition*. Il s'agit d'un système de croyance qui se fond sur les « *Hadiths* » [et la « *Sunna* »] plutôt qu'à l'explication scientifiques [ou rationnelle] des raisons de telle ou telle chose. La Tradition voue une hostilité viscérale à la Science [expérimentale] et affirme une opposition profonde aux *savants*, c'est à dire aux scientifiques. Par essence, la Tradition est antiscientifique.

déterminé par les forces divines dont les initiés, seuls, sont aptes à remplir cette mission.

Quoi qu'il en soit, des éléments mythologico-superstitieux païens persistent toujours dans le substrat folklorique et religieux de diverses cultures européennes, africaines, asiatiques et américaines. Soucieux de donner un sens aux mythes, à la superstition en apparence irrationnels et fantastiques, la classe dirigeante [monarque, clergé, nantis et aristocratie guerrière] considère le monde du surnaturel comme l'expression d'un effort spirituel privilégié, un don des dieux pour expliquer le monde et gérer les affaires du peuple. Ce type de concepts apparaît aussi comme un aspect de l'*évhémérisme*[5], c'est-à-dire celui de dériver le surnaturel de faits historiques transposés sur le plan du mythe, donc, la divinisation des vertus d'un être humain. Finalement, le développement du surnaturel entre dans une perspective universelle.

Avant l'avènement de l'Islam, la passivité aux réalités non humaines se définit par l'absence de réflexion, ne cherchant pas le sens intellectuel ou technologique de l'environnement mais l'adaptation et la composition avec ses forces inconnues, invisibles. Cette attitude cosmographique à l'irréel est liée à l'expérience cosmographique du monde !

---

[5] *Evhémérisme*. Doctrine du philosophe Évhémère et de ses disciples sur l'origine des religions, suivant laquelle les dieux de la mythologie étaient des hommes divinisés après leur mort par les peuples se considérant comme leurs descendants.

Le *mythe cosmogonique*. Il relate la naissance de l'Univers. Dans une culture, il sert de modèle à tous les autres récits mythiques, légendaires[6].

Le *mythe eschatologique*. L'initiation rituelle est liée aux mythes de la naissance et de la renaissance qui formulent comment renouveler la vie, inverser le temps ou métamorphoser les humains en de nouveaux êtres. Les *thèmes eschatologiques* de la naissance et de la renaissance sont combinés aux thèmes de l'avènement d'une *société idéale* développée par les mythes millénaristes ou celui d'un *sauveur* proposé par les mythes messianiques. Les cultures fondatrices de mythes ne font pas de distinction entre l'*esprit* et la *nature* ou la *religion* et la *vie*. Ces mythes ne peuvent différencier la vérité symbolique ou l'imaginaire de la vérité concrète ou du fait. L'idée qui fait que le soleil et la fertilité sont des tentatives rudimentaires pour expliquer les forces naturelles comme la science les explique est un concept qui jouit d'une grande crédibilité.

La foi en des pratiques telles l'*occultisme*, l'*astrologie*, la *divination*, etc. fondées sur des savoirs ésotériques relatives à l'Univers et à ses forces mystérieuses intègre habituellement le concept de *conformité*, c'est-à-dire de rapport de type analogique entre les diverses entités universelles [étoiles, planètes, êtres vivants, plantes, etc.]. L'obtention de la véritable connaissance occulte est

---

[6] Par exemple, dans la religion babylonienne, Marduk est le dieu des Orages. Il est reconnu comme le créateur de l'Univers et de l'Humanité, le dieu de la Lumière et du Feu et le maître des destinées. Plus tard, il est nommé *Bêl* ou *Bâl*.

garantie par l'étude de textes ésotériques et par l'initiation, par ceux qui la détiennent ou qui l'expliquent.

L'*occultisme*, par exemple, qui fait partie intégrante du surnaturel plonge ses racines dans les traditions antiques [babyloniennes et égyptiennes] s'est largement enrichi par le mysticisme de la *Kabbale*[7].

---

[7] E. ROYSTON PIKE, « Dictionnaire des religions », Edit. PUF, Paris, 1954.
Kabbale. Système théosophique qui a été très répandu dans le Judaïsme médiéval à partir du Xe siècle, et qui a joui par la suite d'une grande diffusion dans le monde chrétien. « *Kabbale* » vient de l'hébreu *Qabbalah*, désignant les « *doctrines reçues par tradition* » : on l'appliquait dans l'ancienne littérature judaïque, à toute doctrine révélée, à l'exception de la Torah ; mais il finit par désigner un ensemble de *doctrines occultes* contenues dans un certain nombre d'ouvrages ésotériques. Les plus importants de ceux ci sont le « *Livre de la Création [Sepher Yelzirah]* », attribué au rabbin AKIBA et le « *Livre de la Splendeur [Sepher ha-Zohar* ou *Zohar]*, attribué à un contemporain du précédent, SIMEON BEN JOCHAÏ [70-110] ; mais on pense que le véritable auteur de ce dernier ouvrage est MOISE DE LEON [m. 1305], Juif espagnol de Grenade qui mit le livre en circulation comme étant l'œuvre du rabbin Siméon. Si l'on pense qu'il est étrange qu'un livre apocryphe ait pu s'imposer à tant de savants théologiens, aussi bien de la Synagogue que de l'Eglise, il faut se rappeler qu'il a circulé durant des siècles une masse de textes plus ou moins hérétiques, dans lesquels le strict monothéisme des Hébreux était interprété *à la lumière de notions empruntées aux Néoplatoniciens et aux Néo-Pythagoriens* : quelques-uns de ces livres remontent. à une assez grande antiquité, et la Kabbale, en dépit de sa systématisation relativement tardive, est l'héritière de tout un *gnosticisme* juif dont les Esséniens étaient déjà pénétrés.
La doctrine kabbalistique embrasse la nature de la Divinité, les émanations divines ou *Sephiroth*, la création des anges et de l'homme, leur destinée future et le caractère réel de la Loi révélée. La théologie est *panthéistique* : toutes choses émanent de la Divinité insondable, l'*En Soph* ; tout ce que nous sommes, tout ce que nous voyons résulte d'un

processus grandiose d'expression de la Divinité par soi. La Divinité a 10 attributs [*Sephiroth*] : la Couronne, la Sagesse et l'Intelligence forment la première triade, l'Amour, la Justice et la Beauté la seconde ; la troisième triade comprend la Fermeté, la Splendeur et le Fondement ; et le Royaume entoure les 9 autres car c'est la *Chekhina*, le halo divin. Les *Sephiroth*, réunies, forment une Unité stricte, elles sont la Divinité à l'état de manifestation, elles sont les unes masculines, les autres féminines : leur union a engendré l'univers. Celui-ci est formé de 4 mondes différents, par ordre de spiritualité décroissante : le monde de l'Action ou de la Matière est le plus inférieur ; le plus élevé est le monde de l'Emanation, qui a procédé de l'*En Soph*, et qui est le monde céleste ou Archétype, la réunion des 10 *Sephiroth* formant l'Homme primordial [*Adam Kadmon*]. Des diagrammes représentant un homme nu couronné avec les 10 *Sephiroth* associées aux diverses parties du corps ; ils jouaient un rôle dans les études mystiques, magiques et spéculatives des *Kabbalistes*.

Toutes les âmes qui doivent s'incarner ici-bas préexistent dans le monde des Emanations : chaque âme possède 10 « *potentialités* » groupées en triades, chacune de ces âmes, avant d'entrer dans ce monde, est formée d'une partie masculine et d'une partie féminine unies en un seul être. Séparées sur la terre, les deux moitiés cherchent à se découvrir pour pouvoir se réunir à nouveau : c'est ce qui arrive dans le mariage authentique, mais seulement si l'âme est pure et si sa conduite est agréable à Dieu : sinon, elle doit revenir s'incarner ici-bas dans un corps humain, pour une ou deux existences ; si son corps est encore pollué par le péché, une autre âme est envoyée pour s'unir à elle, dans l'espoir que leur effort combiné engendrera un corps pur et sans tache. Quand toutes les âmes en attente auront accompli leur pèlerinage terrestre auront habité des corps humains, réussi leur épreuve et retourné d'où elles sont venues, dans le sein infini de Dieu, le « *Jour du Jubilé* » commencera : le Messie descendra du Monde des âmes pour instaurer une ère de bonheur parfait, sans péché ni douleur, un « *Sabbat qui n'aura pas de fin* ».

Les Kabbalistes affirmaient qu'ils trouvaient toutes ces doctrines dans les Ecritures hébraïques et, bientôt, des théologiens chrétiens soutinrent que la Kabbale fournirait la preuve de la Divinité du Christ et des autres doctrines chrétiennes essentielles : il y eut même, durant la Renaissance, un nombre respectable de Juifs qui embrassèrent le Christianisme à la suite de ces tentatives de l'*ésotérisme chrétien*. La Kabbale tomba en

C - L'interprétation de l'invisible

Le mot « *invisible* » se définit par : « *Qui par essence n'est pas visible* ». Domaine de ce qui n'est pas visible. Par extension : « *Qui n'est pas manifeste, qui échappe à la connaissance* ».

Certains phénomènes d'existence avérés ou non, dont le mécanisme et les causes inexpliqués, sont imputés à des forces de nature inconnue, terrifiante, d'origine surtout malfaisante et apaisée par des sacrifices et des offrandes.

L'art d'examiner et d'expliquer des corrélations entre les événements terrestres, les positions et mouvements des corps astraux, en particulier du soleil, de la lune, des planètes et des étoiles supporte la fondation de l'*Ignorance*. Les astrologues soutiennent que la position des corps astraux à l'instant exact de la naissance d'un individu ainsi que leurs déplacements représentant sa personnalité souscrive à la prévision de son destin. Les prêtres de l'astrologie créent des diagrammes, les *horoscopes* qui signalent la position des corps astraux à une période fixée, par exemple, celle de la naissance d'une personne.

---

discrédit dans le Judaïsme à partir du XVI e siècle, à mesure que l'élément *magique* tendait à en chasser la philosophie réelle. Les idées kabbalistiques devaient pourtant subsister jusqu'au XVIème siècle, et l'intérêt pour ces spéculations théosophiques n'a jamais disparu complètement sinon dans le Judaïsme lui-même [où seuls les *Hassidistes* en sont encore partisans], du moins dans les divers *mouvements occultistes*, surtout ceux d'inspiration « *chrétienne* ».

La possession de prétendus pouvoirs mystérieux et des procédés empiriques qui guérissent ou qui revendiquent la guérison est l'apanage du clergé, des sorciers, des chamans [shamans] et des guérisseurs. Cette croyance populaire octroie à ces individus, honneur, crainte et privilèges.

L'hypothèse que la majorité des maladies ont des causes surnaturelles exigeant l'aide des puissances surnaturelles pour les éradiquer représente le fondement de leurs procédés de guérison. La maladie peut être la conséquence de l'offense à un dieu, de l'influence d'une sorcellerie ou d'un esprit malfaisant. Par la *divination*, le guérisseur ou le sorcier constate la maladie, administre le remède spirituel, qui consiste à identifier et à obtenir un objet vecteur de ladite maladie ou exorciser un esprit démoniaque. Ces initiés relient au cérémonial mystérieux des traitements physiques tels que des applications de plantes ou des massages.

La *perception extrasensorielle* et l'acquisition de pouvoirs mystérieux demeurent une croyance universelle. La possession de capacités cognitives nettement supérieures à celles du reste de la communauté établissent que les *voyants* [médiums, spiritistes, etc.] ont des facultés, des *dons divins*.

Une notion indissociable de l'Homme est que l'inconnue induit chez lui divers degrés de peur. Dans le but de conjurer, par exemple, la peur de la *Mort*, l'homme à développé des artifices, des procédés. Il a inventé un rituel afin d'expliquer sinon de contrôler les mystères de la nature, le *souffle vital* ou *âme* qui réside dans les lieux ou les objets.

L'attente et l'anticipation de la finalité de l'existence par des discours, l'*eschatologie*, entretiennent les craintes humaines simultanément d'espoir et d'effroi. Spécialement active dans les stades de crise, elle provoque un imaginaire illimité pour imaginer ce qui limite la vie humaine. La relation primitive avec l'inconnue est le principe de l'*animisme*[8]. Toute matière vit et possède une existence intérieure ou psychologique caractérise la doctrine du *panpsychisme* ou *animisme*. Les objets sont traités comme animés ou étaient vivants, et qu'ils possèdent une volonté ou des émotions propres. Ce type de croyance ne fait pas de distinction entre le corps d'un objet et une *âme* qui a pu y pénétrer ou le quitter.

C'est cette notion qui se rapproche de l'*ange* dans différentes *religions* et qui se reconnait dans le concept d'*esprits de la nature*, d'*êtres intermédiaires* entre la divinité et l'homme, tels que les *demi-dieux* et les *démons*.

---

[8] L.V. THOMAS, « Les religions d'Afrique Noire »

II - Conception de l'*Ange* dans le Judaïsme et le Christianisme

A - Angéologie

L'*angélologie* est l'étude des *Anges*, de leurs noms, de leur situation dans la hiérarchie divine et de leur fonction. C'est également la spéculation, la doctrine relative aux anges.

1 - Ange - Définition

Puissance secondaire de caractère sacré, qui anime, régit l'univers et les éléments et qui, soumise à la divinité ou en révolte contre elle, intervient en *bien* ou en *mal* dans la vie des hommes. Ange, pur esprit, créature parfaite opposée à l'être corporel et imparfait. Être spirituel supérieur à l'homme, inférieur à Dieu dont il est une créature soumise ou révoltée. Les fonctions de l'ange proprement dit, en tant qu'*esprit au service d'une puissance supraterrestre,* est caractéristique de la *foi judaïque et chrétienne.*

2 - Conception de l'Ange dans le Judaïsme

Les *Anges* sont au service de Dieu à la manière des courtisans se consacrant au roi[9]. Pour les Juifs, il était essentiel de convenir à l'existence de puissances

---

[9] Tel le dieu du puits *Lahaï Roy* [*Genèse, XVI, 14*].

intermédiaires, les dieux inférieurs, entre Dieu et les hommes. Ainsi, la croyance aux anges fut commode car ces derniers ainsi que les dieux inférieurs pouvaient être dénommés « *fils de Dieu* ». Dans la pensée judaïque traditionnelle, on considérait que les anges avaient une forme humaine masculine. Selon les historiens des religions, après l'exil de Babylone d'*Israël* [597-538 av. J.-C.], la culture juive sur les anges se transforma et s'enrichit beaucoup de l'apport des croyances mésopotamiennes. En effet, le Judaïsme dota les anges d'ailes, les anges anthropomorphes qu'ils ornèrent d'un vestimentaire, qu'ils baptisèrent et qu'ils hiérarchisèrent. Un ange ailé signifiait pour le *symbolisme* judaïque la magnificence et l'aptitude à s'élever au-dessus de la condition humaine. Aussi, les anges étaient perçus comme *immortels*. En plus de l'impact mésopotamien, la tradition dualiste perse renforça la conception angélique juive avec sa croyance en des anges bienfaisants et en des anges malfaisants et destructeurs, en rébellion contre Dieu. Diverses communautés juives voyaient le monde comme un champ de bataille où règne une lutte entre l'*Esprit de Vérité* et l'*Esprit du Mal*, ce dernier étant une puissance angélique opposée à Dieu et appelé *Bélial*[10].

Par la suite, la tradition angélique connut un essor prodigieux dans le Judaïsme surtout parce qu'il absorba les dieux des religions polythéistes en les transposant en anges. Bien entendu, cette croyance angélique fut récupérée par le Christianisme qui l'enrichit également de façon notable.

---

[10] *Bélial*. Mot hébreu signifiant sans valeur [moral ou matériel]. *Bélial* est un nom propre, celui d'un ange déchu ou bien un synonyme de *Satan*.

a - Démiurge

Déité de l'*Ancien Testament*[11] [*Judaïsme*], le démiurge était le dieu mauvais ou créateur du monde matériel ; et de ce fait, acclamait les mérites des êtres qui s'opposaient à lui. C'est le dieu inférieur qui crée le monde avec la matière préexistante. Les Gnostiques, dans leurs systèmes de croyance, le Démiurge est responsable du monde mauvais dans lequel nous vivons. Il devient une entité émanée du Dieu inconnu. Mais tout à la fin du processus évolutif, il ignore d'où elle tire finalement son origine, ou même si c'est un Être foncièrement mauvais, qui a emprisonné l'esprit dans les ténèbres. Le Démiurge est identifié à *Jéhovah* dans l'Ancien Testament.

b - Lucifer - Satan

Selon les Ecritures bibliques, avant sa chute, *Lucifer* [«*porteur de lumière*»] était le plus beau des anges. Il devint *Satan* à la suite de sa révolte engendrée par l'orgueil de s'égaler à Dieu.

Etymologiquement, le nom « *Satan* » provient du mot arabe *Shaytān* [plur. *Shayātīn*] qui apparaît pour la première fois dans les versets du Coran. C'est un terme générique, un substantif qui signifie : « *Celui qui sème le Désordre sur Terre, par opposition à l'Ordre divin* ». Ce mot a été adopté par le Judaïsme et sa littérature pour être

---

[11] *Ancien Testament*. Recueil de textes inspirés relatant l'origine du monde et de l'homme, la chute de celui-ci et l'alliance de Dieu avec les hommes en attente du Messie, fondements de la religion juive et chrétienne.

transposé en tant que *Satan* un nom propre par le Christianisme. En effet, selon les auteurs, la signification exacte de ce verbe est problématique car la racine ŚTN n'a pas d'équivalent dans la langue hébraïque contemporaine de l'hébreu biblique. En dépit de ces tentatives, afin de le rapprocher de racines connues, la signification de la racine ŚTN ne peut être établie.

Satan désigne un être qui incarne le « *mal* » et la tentation. Il est à l'origine l'« *accusateur* » ou l'« *adversaire* » avant de devenir un démon antagoniste de Dieu, un « *ange* » ou une divinité présentant des attributs divins. Ainsi, *Satan* ou le *Diable* est la personnification de l'esprit du « *mal* » ; le *Mauvais*, le *Tentateur*, le *Prince des Ténèbres*, le *Grand Adversaire de Dieu* et de tous ceux [Chrétiens] qui L'aiment et Le servent. Être caractérisé par les épithètes diverses de *Satan*, de l'*Adversaire*, de *Prince de ce monde*, de *Prince de la puissance de l'air*, de *Belzebuth*, de *Bélial*, de *Mauvais*, de *Tentateur*, etc.

3 - Conception de l'Ange dans le Christianisme

a - Caractérisation des Anges

Les anges sont parfois nommés « *saints* »[12], d'autres fois, dénommés « *étoiles* »[13] ou *esprits*[14]. Enfin, les anges incarnent les *vents*, les *flammes de feu*, etc. Les anges ne sont pas reliés par les lois de la nature. Enfin, ils dévoilent diverses autres caractéristiques :

---

[12] « *Psaume 89 : 7/Daniel 8 : 13/Zacharie 14 : 5* ».
[13] « *Job 38 : 7/Psaume 148 : 2-3 Apocalypse 12 : 3-4* ».
[14] « *Hébreux 1 : 7* »

- les anges peuvent entrer dans les endroits hermétiques[15]
- les anges peuvent se dresser dans les flammes[16]
- les anges peuvent voyager à grande vitesse[17]
- les anges sont plus sages que les hommes[18]
- les anges sont très puissants[19]
- les anges sont immortels[20]
- les anges ne sont pas sans sexe[21]
- les anges sont innombrables[22]
- les anges montent des chevaux spirituels[23]
- Les anges habitent au ciel[24].

b - Origine des Anges

Le Christianisme établit l'existence d'anges aussi bien

---

[15] « *Actes 5 : 19* »

[16] « *Juges 13 : 19-20* »

[17] « *Daniel 4 : 13* »

[18] « *2 Samuel 14 : 20* »

[19] « *Psaume 103 : 20* ». Un ange tua 185 000 soldats assyriens [*2 Rois 19 : 35*]. Un ange tua 70 000 Israélites lorsque David pécha [*2 Samuel 24 : 15-16*]. Un seul ange sz dressa contre la puissance de Rome [*Matthieu 2 : 2-4*]. Un ange attachera un jour Satan et le jettera en prison pour mille ans [*Apocalypse 20 : 13*].

[20] « *Luc 20 : 34-36* »

[21] « *Matthieu 22 : 30/Luc 20 : 35-36* ». Jésus enseigna que les anges étaient sexués. Comment des anges pouvaient-ils chuter en couchant avec des femmes sur la terre [*Genèse 6 : 1-4/2 Pierre 2 : 4/Jude 6*] s'ils ne possédaient pas de sexe ? Les anges sont capables de sexualité car comment les démons [anges déchus] pourraient-ils copuler avec des femmes et des hommes dans leur sommeil s'ils n'avaient de sexe ?

[22] « *Apocalypse 5 : 11/Hébreux 12 : 22/Matthieu 26 : 53/2 Rois 2 : 17* »

[23] « *2 Rois 2 : 12/2 Rois 6 : 13-17/Zacharie 1 : 7-11/Zacharie 6 : 1-6* »

[24] « *Matthieu 22 : 30/Ephésiens 3 : 10/Jean 1 : 55/Luc 2 : 13-15* »

bons que mauvais. Les anges, le soleil, la lune et les étoiles font partie de la création de Dieu[25]. Toutes choses ont été crées par Jésus. Par « *toutes choses* », il faut comprendre « *toutes les choses qui sont dans les cieux et sur la terre, les visibles et invisibles, trônes, dignités, dominations, autorités* »[26]. La Bible affirme que Dieu seul possède l'*immortalité*[27]. La résultante est que les anges ont été crées par Dieu et doivent la prolongation de leur vie au fait que ce dernier les soutient constamment. Le moment de leur création s'est produit avant la création des cieux et de la terre[28]. En effet, « *les fils de Dieu [anges] poussaient des cris de joie* » quand Dieu dressa les fondations de la Terre[29]. Il est évident qu'ils existaient déjà à l'avènement de *Satan*, un être angélique. La démographie angélique est très importante[30].

c - La constitution des Anges

Le Christianisme détermine les anges de la manière suivante :

- les anges ne sont pas des « *humains glorifiés* »[31]
- l'homme a été crée inférieur aux anges, mais il leur deviendra supérieur[32]
- les croyants [Chrétiens] dans l'avenir jugeront les

---

[25] « *Psaume 148 : 2-5* »
[26] « *Jean 1 : 3/Colossiens 1 : 16/Ephésiens 6 : 12* »
[27] « *1 Timothée 6 : 16* »
[28] « *Genèse 1 : 1* »
[29] « *Job 38 : 4-7/Genèse 3 : 1* »
[30] « *Daniel 7 : 10/Matthieu 26 : 53/Hébreux 12 : 22/Apocalypse 5 : 11* »
[31] « *Matthieu 2 : 30/Hébreux 12 : 22* »
[32] « *Psaume 8 : 6/Hébreux 2 : 7* »

anges[33]
- les anges sont incorporels. Ils ne possèdent pas de corps physique, ils sont nommés des « *vents* »[34]
- les anges ne sont pas une race mais une armée[35]
- les anges sont appelés « *fils de Dieu* » dans l'Ancien Testament[36]
- les anges ont péché individuellement et non collectivement. De ce fait, aucun salut pour les anges déchus[37]
- les anges ont une connaissance plus importante que celle de l'homme, mais ils ne sont pas omniscients[38]
- les anges sont plus puissants que les hommes[39]
- les anges sont plus rapides que les hommes, mais ils ne sont pas omniprésents[40]. Ils parcourent la terre et s'y promènent[41]. Malgré tout, les anges ont parfois des retards[42].

---

[33] « *1 Corinthiens 6 : 3* »
[34] « *Hébreux 1 : 7/Psaume 104 : 4* ». Les anges « *ne sont-ils pas tous des esprits au service de Dieu, envoyés pour exercer un ministère en faveur de ceux qui doivent hériter du salut ?* » [*Héb.1 : 14*]. Paul dit que « *nous n'avons pas à lutter contre la chair et le sang, mais contre les dominations, contre les autorités, contre les princes de ce monde de ténèbres, contre les esprits méchants dans les lieux célestes* » [*Ephésiens 6 : 12*].
[35] « *Psaume 148 : 2* »
[36] « *Job 1 : 6/Job 2 : 1/Job 36 : 7/Genèse 6 : 2,6* »
[37] « *Hébreux 2 : 16* »
[38] « *2 Samuel 14 : 2/Matthieu 24 : 36* »
[39] « *2 Pierre 2 : 11/Psaume 103 : 20* »
[40] « Daniel 9 : 21-23 »
[41] « *Job 1 : 7/Zacharie 1 : 11/1 Pierre 5 : 8* »
[42] « *Daniel 10 : 10-14* »

d - La « chute » des Anges

D'après le Christianisme, le problème de l'*origine du « mal »* a pour origine le ciel et non la terre. La présence du « *mal* » dans le monde est dû à la difficulté d'adapter l'idée du *mal* avec la notion d'un Dieu bienveillant, majestueux et absolu. Dans le récit de la création [*Genèse 1*], il est formulé que tout ce que Dieu avait fait était « *bon* » ce qui inclut qu'à l'origine les anges furent crées parfaits en *sainteté*[43]. Dès lors, Satan [*ange déchu*] a été crée, au départ, parfait[44]. Néanmoins, divers passages bibliques désignent certains anges comme mauvais[45]. En effet, ces anges ont fauté[46] n'ayant pas conservé leur dignité et ayant abandonné leur propre demeure[47]. Indubitablement, Satan fut le chef de cette *apostasie.* La Bible narre sa chute[48].

Selon la *Bible[49],* la chute des anges précède celle de l'homme. En effet, Satan s'introduit dans le jardin sous l'aspect d'un serpent et poussa Eve à pécher. Les écrits bibliques n'informent pas du temps écoulé entre l'incident

---

[43] « *Dieu vit tout ce qu'il avait fait et voici, cela était très bon* » [*Genèse 1 : 31*].
[44] « *Ezéchiel 28.15* »
[45] « *Psaume 78 : 49/Matthieu 25 : 41/Apocalypse 9 : 11/Apocalypse 12 : 7-9* »
[46] « *Esaïe 14 : 12-15* »
[47] « *2 Pierre 2 : 4/Jude 6* »
[48] « *Ezéchiel 28 : 15-17* »
[49] *Bible.* Ensemble des textes sacrés relatant cette alliance et formés de l'*Ancien Testament,* livre saint des Hébreux, du *Nouveau Testament,* livre saint des Chrétiens, ces deux textes constituent la *Bible* ou l'*Écriture Sainte.*

en Eden et la chute des anges[50]. Il est probable que la chute des anges eut lieu entre la création de l'homme et le moment où Dieu s'est *reposé*[51].

- *Causes de la chute des anges*

La chute des anges a été causée délibérément et volontairement par leur révolte contre Dieu. Ils ont favorisé les intérêts de leur *ego* [Moi] plutôt que ceux de Dieu. Divers motifs ont été rapportés au sujet de cette révolte des anges par le *Christianisme*. Il s'agit de la résultante de leur opulence démesurée, de leur narcissisme[52], de leur ambition immodérée[53], de leur exagération, de leur égoïsme, de leur mécontentement, ainsi que de leur cupidité insatiable. La cause de la chute de *Satan* [*ex-Ange*] a entraîné aussi celle des autres anges mauvais. Ceci est rapporté par un verset biblique : « *La queue du dragon a entraîné le tiers des étoiles* [*anges*] *dans sa chute*[54] ».

- *Conséquences de la chute des Anges*

Les textes bibliques exposent plusieurs conséquences de leur chute.

- Les mauvais anges ont tous perdu leur sainteté originelle et se sont corrompus dans leur nature et

---

[50] « *Genèse 3 : 1-6* »

[51] « *Genèse 1 : 1, 2* »

[52] Le roi de Tyr symbolisant Satan [ange déchu] affirme que c'est pour ces raisons qu'il a chuté [*1 Timothée 3 : 6/Ezéchiel 28 : 11-19*].

[53] L'ambition du roi de Babylone symbole de Satan confirme une des causes de sa chute [*Esaïe 14 : 13*].

[54] « *Apocalypse 12 : 4* »

leur attitude[55].
- Certains des mauvais anges furent jetés en enfer [*Tartare*] et y sont enchaînés jusqu'au jour du jugement[56].
- Certains des mauvais anges furent laissés en liberté et s'opposèrent directement à l'œuvre des bons anges[57].
- Effet sur la création originelle : le sol fut maudit à cause du péché d'Adam[58] et que la création pousse des gémissements à cause de la chute des mauvais anges[59].
- Le péché des anges a pour résultat la ruine de la création originelle[60].
- Les mauvais anges seront jetés un jour sur la terre[61].
- A la suite de leur jugement[62], les mauvais anges seront précipités dans l'étang de feu[63].
- Satan [ex-Ange] sera séquestré dans l'abîme pendant une durée de mille ans avant d'être poussé dans l'étang de feu et de soufre[64].

---

[55] « *Matthieu 10 : 1/Ephésiens 6 : 11/Apocalypse 12 : 9* »
[56] « *2 Pierre 2 : 4/Jude 6* »
[57] « *Daniel 10 : 12-20/Jude 9/Apocalypse 12 : 7-9* »
[58] « *Genèse 3 : 17-19* »
[59] « *Romains 8 : 19-22* »
[60] « *Genèse 1 et genèse 2* »
[61] « *Apocalypse 12 : 8* »
[62] « *1 Corinthiens 6 : 3* »
[63] « *Matthieu 25 : 41/2 Pierre 2 : 4/Jude 6* »
[64] « *Apocalypse 20 : 1-3,10* »

e - Classification et hiérarchie des Anges

Les anges se subdivisent en deux grandes catégories : les bons et les mauvais. A l'intérieur de chacun de ces groupes, il existe encore différents rangs.

- *Les Anges « bons »*

On en trouve plusieurs sortes.

° *Les Anges*

Le terme « *ange* », signifie « *messager* » ou « *aggeloi* » [hébreu, grec][65]. Il existe des myriades d'*anges*[66] et ils peuvent apparaître soit individuellement[67], soit en couple[68], soit encore en groupe[69].

° *Les Chérubins*

Dans la religion juive [et dans certaines croyances de l'Orient ancien], il s'agit de l'ange chargé notamment d'assurer la tâche de gardien [*chéroub*]. Dans la *religion chrétienne*[70], ange appartenant au second chœur de la première des neuf hiérarchies d'anges, venant immédiatement après les *Séraphins* et précédant les *Trônes*,

---

[65] « *Luc 7 : 24* »
[66] « *Daniel 7 : 10/Apocalypse 5 : 11/Psaume 68 : 18/Hébreux 12 : 22* ». « *Notre Seigneur [Jésus] a dit à Pierre que son père [Dieu] lui aurait envoyé plus de douze légions d'anges s'il le lui avait demandé* » [*Matthieu 26 : 53*].
[67] « *Actes 5 : 19* »
[68] « *Actes 1 : 10* »
[69] « *Luc 2 : 13* »
[70] « *Genèse 3 : 24/2 Rois 19 : 15/Ezéchiel 10 : 1-22/Ezéchiel 28 : 14-16* »

et dont les attributs spécifiques sont la connaissance et la sagesse. Les chérubins sont aussi des gardiens par exemple du jardin du Paradis[71], de l'arche dans le tabernacle et dans le temple[72]. Ils étaient également représentés sur les tapis intérieurs et le voile du tabernacle[73]. Du fait qu'ils gardaient l'entrée du Paradis, ils gardaient le trône de Dieu[74]. Avant sa chute, Satan faisait partie de leur nombre[75].

° *Les Séraphins*

Anges, appartenant à la première hiérarchie des anges, décrit dans la vision du prophète Isaïe[76] avec trois paires d'ailes et dont la fonction est d'adorer et de louer Dieu. Ils sont différents des *chérubins*. Dieu est assis au-dessus des chérubins[77], alors que les *séraphins* demeurent au-dessus de lui[78]. Leurs fonctions sont de conduire l'adoration du Dieu Tout-puissant dans le ciel, de purifier les serviteurs de Dieu [Chrétiens] pour l'adoration.

Les séraphins se soucient des principes comme l'adoration et la sainteté plutôt que ceux de justice et de puissance. Ils étaient les ambassadeurs extraordinaires de Dieu. Ainsi chacun a une situation et un ministère différent.

---

[71] « *Genèse 3 : 24* »
[72] « *Exode 25 : 19/1 Rois 6 : 23-28/1 Rois 6 : 32-35* »
[73] « *Exode 26 : 1, 31* »
[74] « *Psaume 18 : 11/Psaume 80 : 2/Psaume 99 : 1* »
[75] « *Ezéchiel 28 : 14-16* »
[76] « *Esaïe 6.2-6* »
[77] « *1 Samuel 4 : 4/Psaume 80 : 2/Psaume 99 : 1* »
[78] « *Esaïe 6 : 2* »

° *Les « Êtres vivants »*

Certains « *êtres vivants* » se présentent comme des séraphins et des chérubins[79] avec tout de même des différences. Ils adorent Dieu, dirigent les jugements de Dieu[80] et sont témoins de l'adoration des 144 000 anges[81]. Leur zone d'action se situe autour du trône de Dieu, à l'instar de celle des séraphins et des chérubins.

° *Les Archanges*

Êtres spirituels placés dans la *hiérarchie céleste,* au-dessus des anges[82]. L'Archange Michel est le seul ange dénommé ainsi. Il possède ses propres anges[83]. Il est présenté comme chef de la nation d'Israël[84], celui de la Perse[85], de Javan ou Yavane [l'un des patriarches][86] et de l'Eglise[87]. Il est fait mention de six anges puissants dont : Uriel, Raphaël, Raguel[88]. Tous ces anges exercent une puissance royale sous l'autorité de Dieu. Citons encore les *Dignités,* les *Trônes,* les *Dominations* [anges qui dominent sur les divers peuples ou nations], les *Autorités* [autorités subalternes au service des autres classes].

---

[79] « *Apocalypse 4 : 6-9* »
[80] « *Apocalypse 6 : 1/Apocalypse 15 : 7* »
[81] « *Apocalypse 14 : 3* »
[82] « *1 Thessaloniciens 4 : 16/Jude 9* »
[83] « *Apocalypse 12 : 7* »
[84] « *Daniel 10 : 13-21/Daniel 12 : 1,10* »
[85] « *Daniel 10 : 20* »
[86] « *Genèse 10 : 2* »
[87] « *Apocalypse 1 : 20* ». Les anges des sept Eglises.
[88] « *Le livre apocryphe d'Hénoch [20 : 1-7]* »

- *Les Anges « mauvais »*

À l'instar des anges « *bons* », il existe aussi une diversité d'anges « *mauvais* ».

° *Les Anges emprisonnés*[89]

Les anges qui ont abandonnés les cieux[90] pour se rendre sur terre, qui n'ont pas été fidèles à leur engagement et qui ont péchés en s'accouplant avec des humains[91], Dieu les a précipités dans le *Tartare*[92], les emprisonnant éternellement dans des abîmes de ténèbres et les maintenant ainsi pour le jugement.

° *Les Anges en liberté*

Ces anges sont généralement cités avec leur chef *Satan*[93], parfois désignés séparément[94]. Leur activité principale est d'être les auxiliaires de leur chef Satan dans sa guerre contre les bons anges, le peuple [Chrétien] et la cause de Dieu.

° *Les Démons*

Il s'agit des anges révoltés contre Dieu, damnés, qui poussent les hommes à faire le *mal*.

---

[89] « *2 Pierre 2 : 4/Jude 6* »
[90] « *Deutéronome 32 : 8* »
[91] « *Genèse 6 : 2* »
[92] « *2 Pierre 2 : 4* »
[93] « *Matthieu 25 : 41/Apocalypse 12 : 7-9* »
[94] « *Psaume 78 : 49/Romains 8 : 38/1 Corinthiens 6 : 3/Apocalypse 9 : 14* »

Les démons sont des *esprits*[95] généralement dénommés « *esprits impurs* »[96], des anges déchus encore en liberté. Ils sont au service de Satan[97] bien qu'ils soient soumis à Dieu[98]. Les démons sont capables de possession [pour contrecarrer le programme de Dieu], de provoquer la surdité[99], la cécité[100], des lésions[101], des malformations et des infirmités[102]. Ils se dressent contre l'œuvre de Dieu en altérant la saine doctrine [Christianisme][103], la sagesse divine[104] et la communion chrétienne[105]. Sous l'autorité de Satan, ils sont ennemis de Dieu et de son royaume. En effet, ils sont totalement solidaires avec leur chef [Satan] et sont naturellement à son service selon leurs rangs et leurs positions dans son royaume du mal très bien structuré[106].

- *Satan*

Ange déchu, c'est une créature surhumaine[107], les textes

---

[95] « *Matthieu 8 : 16* »
[96] « *Marc 9 : 25* »
[97] « *Luc 11 : 15-19* »
[98] « *Matthieu 8 : 29* »
[99] « *Matthieu 9 : 32* »
[100] « *Matthieu 12 : 22* »
[101] « *Marc 9 : 25* »
[102] « *Luc 13 : 11-17* »
[103] « *1 Timothée 4 : 1-3* »
[104] « *Jacques 1 : 5* »
[105] « *1 Corinthiens 12 : 20* »
[106] « *Matthieu 12 : 26* »
[107] « *Genèse 3 : 1-15/1 Chroniques 21 : 1/Job 1 : 6-12/Job 2 : 1-7/Zacharie 3 : 1* »

bibliques décrivent sa personnalité[108], ses attributs[109]. Il est doté d'une grande puissance[110], de volonté à toute épreuve[111], de connaissance[112], il réalise des actes personnels[113]. Il est adversaire à la fois de Dieu et de l'Homme[114]. Satan possède différents noms comme le *Diable*[115], le *Calomniateur de Dieu* devant les hommes[116] et des hommes devant Dieu[117] ; le *Dragon*[118] [« *serpent* » ou « *monstre marin* »], le *Serpent*[119], *Belzébul*[120] ou *Béelzébub* ou encore *Belzébuth*[121], *Bélial* ou *Béliar*[122], *Lucifer*[123] « étoile

---

[108] « *Matthieu 4 : 1-11/Luc 10 : 18/Jean 13 : 2, 27/1 Pierre 5 : 8/Apocalypse 12 : 9/Apocalypse 20 : 1-3, 7-10* »

[109] « *Job 1 : 8, 12/Zacharie 3 : 2/Matthieu 4 : 10/Jean 8 : 44* »

[110] « *1 Chroniques 21 : 1/Job 1 : 6/Zacharie 3 : 1/Matthieu 4 : 10/2 Corinthiens 2 : 11/1 Timothée 1 : 20* »

[111] « *Esaie 14 : 13/1 Timothée 3 : 6* »

[112] « *Job 1 : 9* »

[113] « *Job 1 : 9-11/Matthieu 4 : 1-11/Jean 8 : 44/1 Jean 3 : 8/Jude 9/Apocalypse 12 : 7-10* »

[114] « *1 Pierre 5 : 8* »

[115] « *Matthieu 13 : 39/Jean 13 : 2/Ep. 6.11/Ja. 4.7* »

[116] « *Genèse 3 : 1-7* »

[117] « *Job 1 :9 / Job 2 : 4* »

[118] « *Apocalypse 12 : 3, 7/Apocalypse 13 : 2/Esaie 5 : 19* ». Le Dragon est la personnification de Satan, comme il est celui de Pharaon [*Ezéchiel 29 : 3, 32 : 2*]. Le dragon en tant qu'animal marin représente l'activité de Satan, dans les mers du monde.

[119] « *Genèse 3 : 1/Apocalypse 12 : 9/Apocalypse 20 : 2/Esaïe 27 : 1* ». Serpent personnifiant sa malhonnêteté et sa fausseté [*2 Corinthiens 11 : 3*].

[120] *Belzébul* qui signifie *Bel* = dieu et *zébul* = fumier : « *dieu du fumier* ».

[121] « *Matthieu 10 : 25/Matthieu 12 : 24-27/Marc 3 : 22/Luc 11 : 15-19* »

[122] « *2 Corinthiens 6 : 15* ». Ce terme utilisé dans le sens de « *indignité* » [*2 Samuel 23 : 6*]. C'et ainsi que la Bible parle des « *gens pervers* » littéralement « *Fils de Bélial* » [*Juges 20 : 13/1 Samuel 10 : 27/1 Samuel 30 : 22/1 Rois 21 : 13*].

[123] « *Esaïe 14 : 12* »

du matin », le qualificatif de la planète Vénus. De ce fait, Satan est considéré comme un « *ange de lumière*[124] » ; le *Malin*[125], le *Tentateur*[126] ; le « *dieu de ce monde* »[127] car il dispose de serviteurs[128], dispose ses doctrines[129], ses sacrifices[130] et ses *synagogues*[131]. Il est le *prince de la puissance de l'air*[132] et de ce fait, il est le chef des anges mauvais[133]. Il dispose d'une considérable armée de subalternes qui accomplissent ses moindres désirs, et il règne en despote. Il est le prince de ce monde[134].

Dieu a cependant fixé certaines limites à Satan et, lorsque le moment sera venu, il sera évincé par le règne du Seigneur Jésus qui régnera en toute justice.

---

[124] « *2 Corinthiens 11: 14* »
[125] « *Matthieu 13 : 19, 38/Ephésiens 6 : 16/1 Jean 2 : 13/1 Jean 5 : 19* ». Il s'agit d'une description de son caractère et de son œuvre. Il est rusé, méchant, perfide, cruel et tyrannique sur ce qu'il peut contrôler. Il est l'incarnation du mal.
[126] « *Matthieu 4 : 3/1 Thessaloniciens 3 : 5* ». Ce nom dévoile un objectif permanent, celui d'inciter inlassablement l'homme à commettre des péchés.
[127] « *2 Corinthiens 4 : 4* »
[128] « *2 Corinthiens 11 : 15* »
[129] « *1 Timothée 4 : 1* »
[130] « *1 Corinthiens 10 : 20* »
[131] « *Apocalypse 2 : 9* ». Il appuie les religions autres que le Christianisme et patronne les fausses sectes et systèmes qui ont affligé la véritable Eglise au cours des siècles.
[132] « *Ephésiens 2 : 2* »
[133] « *Matthieu 12 : 24/Matthieu 25 : 41/Apocalypse 12 : 7/Apocalypse 16 : 13* »
[134] « *Jean 12 : 31/Jean 14 : 30/Jean 16 : 11* ». Il s'agit de son influence sur les gouvernements de ce monde. Jésus n'a pas contesté certains droits de Satan sur cette planète [*Matthieu 4 : 8*].

f - L'œuvre des Anges

Il existe trois types d'œuvre angélique : l'œuvre des anges « bons », celle des anges « mauvais » et enfin, celle de Satan.

- *L'œuvre des Anges « bons »*

  ° *Les Anges au service de Jésus*

L'ange Gabriel annonce à Marie qu'elle serait la mère du *sauveur*[135]. C'est un autre ange qui a dit à Joseph que « *l'enfant qu'elle a conçu vient du Saint-Esprit*[136] ». Les anges ont prévenu les bergers de la naissance de Jésus à Bethlehem[137]. Ils se sont mis au service de Jésus après sa tentation dans le désert[138] et le fortifier dans le jardin[139]. Un ange a déplacé la pierre qui obturait le sépulcre de Jésus et a parlé aux femmes qui sont arrivées devant le tombeau[140].

---

[135] « *Luc 1 : 26-38* ». Cette thématique [il en existe d'autres] est de *type coranique* et a sans aucun doute été incorporée dans le texte biblique au cours de l'avènement de l'Islam [VIIe-VIIIe siècle]. En effet, de tout temps l'Eglise a naturellement usité de ce genre de stratagème, la réactualisation, la mise à jour [rajouts, suppressions, etc.] de ses *Ecritures* [au gré de l'évolution des sociétés] afin de les renforcer, de leur redonner plus de valeur, plus d'importance, de prestige, plus de consistance, bref plus de « *provenance divine* ». Que l'Eglise produise des textes *bibliques* antérieurs au VIIe siècle [apparition de l'Islam] qui s'opposeraient à cette affirmation !

[136] « *Matthieu 1 : 20* »

[137] « *Luc 2 : 8-15* »

[138] « *Matthieu 4 : 11* »

[139] « *Luc 22 : 43* »

[140] « *Matthieu 28 : 2-7* »

Des anges ont escorté Jésus lors de l'*Ascension*[141] et lorsqu'il réapparaitra la deuxième fois[142].

° *L'œuvre générale des anges « bons »*

- Les anges restent devant Dieu et l'adorent[143].
- Les anges protègent et libèrent le peuple de Dieu[144] [Chrétien].
- L'ange Michel est le maître d'Israël [le Prophète pas l'Etat][145], des sept Eglises d'Asie[146].
- Les anges guident et soutiennent les serviteurs de Dieu [Chrétiens][147].
- Les anges expliquent la volonté de Dieu aux hommes[148] [Daniel, Zacharie, Jean[149]].
- Les anges exécutent le jugement des individus et des nations[150] [Sodome, Gomorrhe, Jérusalem[151]].
- Les anges conduisent au ciel les sauvés après la mort[152] [Chrétiens].

---

[141] « *Actes 1 : 10* »

[142] « *Matthieu 16 : 17/Matthieu 25 : 31* »

[143] « *Psaume 148 : 2/Matthieu 18 : 10/Hébreux 1 : 6/Apocalypse 5 : 11* »

[144] « *Genèse 19 : 11/1 Rois 19 : 5/Daniel 3 : 28/Daniel 6 : 22/Actes 5 : 19/Actes 12 : 10/Psaume 91.11/Matthieu 4 : 6/Hébreux 1 : 14* »

[145] « *Daniel 10 : 13, 21/Daniel 12 : 1* »

[146] « *Apocalypse 1 : 20* »

[147] « *Matthieu 28 : 5-7/Actes 8 : 26/Actes 27 : 23* »

[148] « *Job 33 : 23* »

[149] « *Daniel 7 : 16/Daniel 10 : 5, 11* » - « *Zacharie 1 : 5, 19* » - « *Apocalypse 1 : 1* »

[150] « *Genèse 19 : 12* »

[151] « *2 Samuel 24 : 16/Ezéchiel 9 : 1* » - « *Actes 12 : 23* » - « *Apocalypse 16 : 6* »

[152] « *Luc 16 : 22* »

- Le retour de Jésus dans les airs sera suivi par « *la voix d'un archange* » [153].
- Lors de la *tribulation*[154], les anges seront des auxiliaires du jugement de Dieu[155].
- Quand Jésus arrivera pour le jugement, il sera accompagné par des anges[156].
- Les anges réuniront les élus d'Israël lors du retour de Jésus[157].
- Les anges trierons les méchants d'avec les justes lors de la fin du monde[158].
- Les anges garderont les portes de la nouvelle Jérusalem pour s'assurer qu'aucune impureté ou souillure ne pénétrera jamais dans cette ville[159].

- *L'œuvre des Anges « mauvais »*

Malgré une légère différence, les écrits bibliques confondent les « *anges mauvais* » et les « *démons* » car ils désavouent Dieu et renient son programme.

- Les anges « *mauvais* » essayent de séparer le croyant [Chrétien] de Jésus[160].
- Les anges « *mauvais* » se dressent contre les anges

---

[153] « *1 Thessaloniciens 4 : 16* »
[154] *Tribulation*. Affliction, tourment moral, souvent considéré comme une épreuve.
[155] « *Apocalypse 7 : 2/Apocalypse 16 : 1* »
[156] « *2 Thessaloniciens 1 : 7/Jude 14* »
[157] « *Matthieu 24 : 31* »
[158] « *Matthieu 13 : 39* »
[159] « *Apocalypse 21 : 12* »
[160] « *Romains 8 : 38* »

« *bons* » dans leur action[161].

Les anges « *mauvais* » assistent Satan dans la réalisation de ses objectifs, ses projets et ses plans[162].
- Les anges « *mauvais* » provoquent des maladies physiques et mentales[163].
- Les anges « *mauvais* » sont des « *esprits impurs* » car ils incitent les hommes à l'impureté morale[164].
- Les anges « *mauvais* » diffusent la fausse doctrine [tout ce qui n'est pas le Christianisme][165].
- Les anges « *mauvais* » s'opposent aux enfants de Dieu [Chrétiens] dans leurs affermissements spirituels[166].
- Les anges « *mauvais* » entrent en possession des êtres humains et même des animaux[167]
- Les anges « *mauvais* » sont utilisés par Dieu afin d'accomplir ses desseins[168].

---

[161] « *Daniel 10 : 12* »

[162] « *Matthieu 25 : 41/Ephésiens 6 : 12/Apocalypse 12 : 7-12* »

[163] « *Matthieu 9 : 33/Mathieu 12 : 22/Marc 5 : 1-5/Luc 9 : 37-42* »

[164] « *Matthieu 10 : 1/Actes 5 : 16* »

[165] « *2 Thessaloniciens 2 : 2/1 Timothée 4 : 1* »

[166] « *Ephésiens 6 : 12* »

[167] « *Matthieu 4 : 24/Marc 5 : 8-14/Luc 8 : 2/Actes 8 : 7/Actes 16 : 16* ». Le Christianisme explique que l'*influence démoniaque* est une action temporaire exercée de l'extérieur [environnement] par les démons. La *possession démoniaque* est une action permanente pratiquée de l'intérieur [corps -humain, animal-] par le démon.

[168] « *Juges 9 : 23/1 Rois 22 : 21-23/Psaume 78 : 49* ». Dieu se servira notamment d'eux pendant la période de la tribulation [*Apocalypse 9 : 1-12/Apocalypse 16 : 13-16* ». Les démons seront vraisemblablement pourvus d'un pouvoir miraculeux pendant un certain temps [*2 Thessaloniciens 2 : 9/Apocalypse 16 : 14* ».

Le Christianisme établit trois formes de *démonologie*[169] [*étude, recherche, doctrine relatives aux démons*]. Quoi qu'il en soit, les anges « mauvais » en sont la cause principale.

° *Dire la bonne aventure*

Augure ou prévision de l'avenir par le moyen de signes naturels, comme le vol des oiseaux ou la disposition des entrailles[170]. L'*hydromancie* ou la prévision de l'avenir à partir de l'apparence de l'eau versée dans un vase ou d'objets plongés dans l'eau[171]. L'*astrologie* ou la détermination de l'influence des étoiles sur le destin d'un individu[172]. Ces pratiques sont une forme de *démonologie*. Celui qui dit l'avenir par une sorte d'inspiration divine, il l'effectue en réalité avec l'aide des *démons*[173].

° *L'adoration directe des Démons*

Israël [le *Prophète*] apostat faisait des offrandes aux démons[174]. L'animal sacrifié aux idoles à l'époque du Nouveau Testament était en réalité immolé pour des démons[175]. A l'avènement de la *tribulation*, il se produira un développement accru de l'activité démoniaque et une franche adoration du *dragon*[176].

---

[169] *Démonologie*. Etude, recherche, doctrines relatives aux démons.
[170] « *Ezéchiel 21 : 21* »
[171] « *Genèse 44 : 5* »
[172] « *Esaïe 47 : 13* »
[173] « *Actes 16 : 16* »
[174] « *Deutéronome 32 : 17/Psaume 106 : 37* »
[175] « *1 Corinthiens 10 : 19* »
[176] « *Apocalypse 13 : 4/Apocalypse 16 : 13* »

° *Le spiritisme*

Il s'agit de la croyance en la communication de certains individus avec les morts et vice-versa ; ainsi que les esprits des défunts qui peuvent révéler leur présence. La *nécromancie*[177] est présumée s'opérer par l'entremise d'un être humain : le *médium*. Israël consultait les *nécromanciens*[178]. Cette forme de démonisme est dénommée par la Bible des *enchantements*[179].

• *L'œuvre de Satan*

Les différentes appellations attribuées à Satan révèlent une qualité de caractère, un procédé de fonctionnement ou les deux qui montrent l'ensemble de ses actions en vue d'un résultat bien précis. De par son nom, *Satan*, il est un adversaire de Dieu. Il est calomniateur et accusateur en tant que Diable. Tentateur, il tente de persuader les hommes de perpétrer des péchés. L'objectif essentiel de Satan, c'est de prendre la place de Dieu. Détenant une puissance, un trône et une grande autorité, l'enfer est un royaume où il règnerait[180]. Afin de réaliser son objectif inavoué Satan a tenté d'assassiner l'enfant Jésus[181]. Cet échec l'a encouragé à persuader ce dernier de l'adorer[182]. Si la tentative avait

---

[177] *Nécromancie*. Divination par l'évocation des morts.
[178] « *Lévitique 19 : 31/Lévitique 20 : 6, 27/Deutéronome 18 : 11/2 Rois 21 : 6/2 Rois 23 : 24/1 Chroniques 10 : 13/2 Chroniques* »
[179] « *Exode 7 : 11/Jérémie 27 : 9/Daniel 2 : 2/Michée 5 : 11/Nahum 3 : 4/Apocalypse 9 : 21* »
[180] « *Matthieu 4 : 8/Apocalypse 13 : 2* »
[181] « *Matthieu 2 : 16/Apocalypse 14 : 4* »
[182] « *Luc 4 : 6* »

réussi, Satan aurait atteint la première partie de son plan, installer son règne sur la terre. Ne pouvant affronter Dieu directement et afin de réaliser ses projets, Satan utilise différents procédés[183]. En effet, il s'attaque à la Création de Dieu, en l'occurrence l'homme Jésus qui a vaincu Satan à la croix[184] et le chrétien doit vivre par sa foi à la lumière de cette victoire[185].

- *La destinée des Anges « bons »*

Les anges *bons* demeureront éternellement à servir Dieu à l'endroit qui leur aura désigné. Des anges seront assignés aux douze portes de la nouvelle Jérusalem destinée à subsister pour l'éternité ainsi que les nouveaux cieux et la nouvelle terre[186].

- *La destinée des Anges « mauvais »*

Les anges *« mauvais »* seront précipités dans l'étang de feu[187]. Une grande partie d'entre eux seront enchaînés et

---

[183] La *maladie* [*Luc 13 : 16/1 Corinthiens 5 : 5*], la *possession* [*Jean 13 : 27*], le *meurtre* [*Jean 8 : 44/1 Pierre 5 : 8*], le *mensonge* [*Jean 8 : 44/2 Corinthiens 11 : 3*], la *tentation* [*Matthieu 4 : 1*], le *vol* [*Matthieu 13 : 19*], le *harcèlement* [*2 Corinthiens 12 : 7*], la *dissimulation* [*Matthieu 13 : 25/2 Corinthiens 11 : 14*], *l'accusation* [*Apocalypse 12 : 10*], etc.

[184] « *Hébreux 2 : 14* »

[185] Le croyant chrétien doit lutter contre Satan en ignorant ses projets [*2 Corinthiens 2 : 11*], en revanche, il devrait être ascétique et alerte, lui résister [*Ephésiens 4 : 27/Jacques 4 : 7/1 Pierre 5 : 8*]. Il ne devrait pas le sous-estimer [*Jude 8/2 Pierre 2 : 10*], mais se protéger avec les Saintes Ecritures -bibliques- [*Ephésiens 6 : 11*].

[186] « *Apocalypse 21 : 1* » - « *Apocalypse 21 : 12* »

[187] « *Matthieu 25 : 41* »

séquestrés dans les ténèbres jusqu'au jour de leur jugement final[188], alors que d'autres seront en liberté. A la venue de Jésus, les chrétiens participeront au jugement des anges « *mauvais* » et leur condamnation sera d'être envoyés avec Satan dans l'*étang de feu*[189].

° *Le destin de Satan*[190]

Lors de son jugement, il sera jeté sur la terre[191]. Puis, lors de la période de la tribulation lorsque Jésus [Christ] retournera sur terre en puissance et en gloire pour établir son royaume, Satan sera précipité dans l'abîme[192] où il sera enchaîné et emprisonné pendant mille ans. Il sera libéré pendant une courte durée, afin de contrecarrer les desseins de Dieu sur la terre[193], mais sans résultat. Le feu tombera du ciel et anéantira les armées qu'il aura réunies. Finalement, il sera lui-même jeté dans l'étang de feu[194] sa destinée finale. Là, il sera éternellement torturé ainsi que ceux qui l'auront suivi [non chrétiens].

---

[188] « *2 Pierre 2 : 4/Jude 6* »

[189] « *1 Corinthiens 6 : 3* »

[190] L'histoire de Satan retracé par la Bible. Satan est d'abord dans le ciel [*Ezéchiel 28 : 14/Luc 10 : 18*] où il a bénéficié de la faveur divine. Il est déchut avec beaucoup d'autres anges. Il est dans le jardin d'Eden sous l'aspect d'un serpent [*Genèse 3 : 1/Ezéchiel 28 : 13*] où il devint C'est là qu'il devint la cause de la chute de l'homme. Puis, il s'établit dans les airs, son quartier général depuis la chute de l'homme ; de là, il dispose ainsi de l'accès vers le ciel et la terre [*Job 1 : 6/Job 2 : 1/Ephésiens 2 : 2/Ephésiens 6 : 12*].

[191] « *Apocalypse 12 : 9-13* »

[192] « *Apocalypse 20 1-3* »

[193] « *Apocalypse 20 : 3, 7-10* »

[194] « *Apocalypse 20 : 7-10* »

g - Quelques emplois du terme « ange »

- *Ange de lumière, ange du ciel.* Ange resté fidèle à Dieu. C'est aussi, l'un des noms de Satan : « *Car Satan lui-même se déguise en ange de lumière*[195] »
- *Chute des anges, ange déchu, ange rebelle, ange de[s] ténèbres, ange du diable, ange de Satan, ange noir, mauvais ange.* Ange qui, à la suite de son prince, Satan, a péché par orgueil, s'est révolté contre Dieu et a été, en châtiment, maudit, chassé du ciel et précipité en enfer.
- *Anges de l'Apocalypse.* Les *quatre cavaliers de l'Apocalypse* de Jean, symboles de la guerre, de la victoire, du jugement, de la mort, et ministres de la vengeance divine.
- *Ange explicateur.* Dieu, dans s. Matthieu, *envoit* un ange à Joseph, pour lui expliquer le mystère de la naissance de Jésus ; puis le même ange *réapparaît* à Joseph en Égypte, pour lui *annoncer* la mort d'Hérode. Dans s. Luc, l'ange Gabriel est *envoyé* à Élisabeth et à Marie. Dans s. Matthieu, quand Jésus ressuscite, « *Il se fit un grand tremblement de terre; car un ange du Seigneur descendit du ciel, vint rouler la pierre du sépulcre, et s'assit dessus.* »
- « *Ange de Yahvé* » ou « *ange de Dieu* ». Ange par lequel Dieu se manifestait, si bien qu'au lieu de parler de son ange, on pouvait aussi parler directement de Dieu [...]. Cet « *ange* » avait peut-

---

[195] « *Paul, II Cor. 11, 14* »

être été regardé à l'origine comme une manifestation de Dieu, comme Dieu lui-même qui, invisible en soi, se rendait par son « *ange* », dans certaines situations, présent et agissant ; mais depuis le temps des rois, et déjà bien avant dans la pensée populaire, cette manifestation de Dieu fut considérée comme un « *envoyé céleste* » distinct de Dieu [...].

- *Ange exterminateur, ange de la mort.* L'ange qui, après le départ des Israélites pour la *terre promise*, frappa de mort tous les premiers-nés d'Égypte.
- *Sainte mère des anges, reine des anges.* Il s'agit de la Vierge Marie.
- *Ange gardien, ange tutélaire, ange protecteur* ou *bon ange.* Ange que la croyance attache à chaque homme en particulier et chargé de le protéger, de le conduire à son salut en l'incitant au bien.
- *Bon ange, mauvais ange.* Selon la croyance chrétienne, ange de Dieu donc du bien, et ange de Satan donc du mal, qui se disputent l'âme de chaque homme.
- *Bon ange, ange blanc.* Symbole du principe du bien.
- *Mauvais ange, ange noir.* Symbole du principe du mal.

III - Qu'est-ce que le Malāk ?

A - Univers invisible - Conception islamique

Imaginer et traduire des noms propres demeurent une seconde nature pour le Christianisme, par exemple, la transformation des termes suivants : *Andros*, adjectif signifiant en grec *viril* devient *André* ; *Képhas*, nom commun désignant en grec un *cailloux* se transforme en *Pierre* ; *Biblia*, nom commun indiquant en grec une collection de parchemins devient *Bible*, etc.

Par définition, les adjectifs qualificatifs ont pour support un nom ou un équivalent du nom. Dès lors, ils indiquent une caractéristique ou une propriété.

Ainsi, les vocables de la *démonologie* usités par les Judéo-Chrétiens n'existent pas dans la croyance de l'Islam. En effet, islamiquement les termes « *démon* », « *diable* » n'ont pas cours. Le Coran définit, par exemple, les créatures telles que le *Jinn* et l'*Homme* de *Shaytān* [plur. *Shayātīn*] qui est un terme *générique* [substantif ou adjectif qualificatif] qui les caractérise [uniquement eux]. *Shaytān* signifie « *Celui [Jinn ou Humain] qui sème le Désordre sur Terre* » par opposition à « *l'Ordre établit par Dieu* ». Le Judéo-christianisme en a fait un nom propre : « *Satan* » qu'il transforma en « *démon* » ou « *diable* ».

Il n'est pas surprenant que les humains soient considérés comme des « *semeurs de Désordre* ». Ainsi, ces deux êtres créent la sédition là où elle n'existe pas. Quant aux Jinn, on discerne en eux les ennemis de l'espèce humaine œuvrant pour les écarter d'Allah.

La réflexion sur les Jinn et les Humains porte essentiellement sur l'origine et la nature du désordre sur Terre !

Allah informe par Sa Révélation consignée dans le Coran, qu'Il a crée les Univers et ce qu'ils renferment. Il est l'Auteur de la Terre, des cieux et de toutes les créatures visibles, invisibles, connues et inconnues.

Allah instruit sur quelques-unes de Ses *entités intelligentes* qui jouent un grand rôle dans ce vaste projet qu'est la Création. Il s'agit, par ordre d'apparition chronologique dans l'Univers, du *Malāk* [plur. *Malāyka*], du *Jinn*[196] et de l'*Homme*[197]. L'étude, ici, s'intéresse au premier cas : le *Malāk*.

---

[196] NAS E. BOUTAMMINA, « Le Jinn, créature de l'invisible », Edit. BoD, Paris [France], janvier 2011.
[197] NAS E. BOUTAMMINA, « Apparition de l'Homme - Modélisation islamique - Volume I », Edit. BoD, Paris [France], septembre 2010.
NAS E. BOUTAMMINA, « L'Homme, qui est-il et d'où vient-il ? - Volume II », Edit. BoD, Paris [France], octobre 2010.
NAS E. BOUTAMMINA, « Classification islamique de la Préhistoire - Volume III », Edit. BoD, Paris [France], novembre 2010.
NAS E. BOUTAMMINA, « Expansion de l'Homme sur la Terre depuis son origine par mouvement ondulatoire - Volume IV », Edit. BoD, Paris [France], décembre 2010.

B - Origine du Malāk

1 - Qu'est-ce que le Malāk ?

La notion de *Malāk* n'est en aucune manière à rapprocher de ce qui est nommé « *Ange* » et de l'idée que le judéo-Christianisme s'en fait. En effet, d'un point de vue dialectique, étymologique, lexical et didactique, le terme « *Ange* » ne peut fondamentalement pas être interprété ou lié à celui de « *Malāk* » tant leurs caractéristiques sont dissemblables. En d'autres termes, le *Malāk* et l'*Ange* sont deux notions distinctes. Fondamentalement différentes l'une de l'autre en ce qui constitue leurs traits distinctifs ou spécifiques tels que leur origine, leur création, leur nature, leur fonction, etc.

Le *Malāk* [substantif masculin - pl. *Malāyka*] est une entité créée de *Noūr*[198] ce qui pourrait désigner, faute de connaissance en ce domaine, à ce qui est désignée par « *Lumière* » ; mais celle-ci n'a rien de commun avec la lumière d'origine solaire ou stellaire. Le *Malāk* est une entité intelligente, douée d'une puissance et d'une célérité indescriptible. Mortel, il est néanmoins doté d'une très longue longévité, incomparable avec celle de l'Homme. Le Malāk est dépourvu du *libre-arbitre* qui est l'atttribut du *Jinn* et de l'*Homme*. En outre, il a d'innombrables fonctions. L'univers du Malāk n'a fait l'objet d'aucune attention, d'aucune étude, d'aucune théorie, bref d'aucune considération. Il est relégué au même titre que le Jinn à la culture populaire [folklore, superstition, légende, contes,

---

[198] « Coran, 81-20 »

etc.] et aux divagations farfelues de la Tradition. Quoi qu'il en soit, il n'existe aucun moyen, procédé, ou méthode physiques [appareils, détecteurs de spectres de lumières, etc.] susceptibles de mettre en évidence physiquement ou matériellement toute trace de Malāk crée de *Noūr* ou d'origine *noūrique*. Dès lors, il est légitime de se poser la question : « *Existe-t-il une autre forme de « lumière » inconnue de la physique actuelle ?* »

2 - Nāfs et Roūh - Notions

« *Tout Nāfs goûtera la mort. Mais c'est seulement* « *al-Yāwm al-Qiyāma* [« *Le Jour de la Résurrection/de la Rétribution* »] *que vous recevrez votre entière rétribution…* » *(Coran, 3-185)*

Le *Nāfs* [« *Âme* »] définit le constituant *immatériel* qui, associé à l'enveloppe corporelle, compose les trois entités intelligentes connues : le *Malāk*, le *Jinn* et l'*Homme*. Le *Nāfs* est un élément, un substrat intérieur, primordial et spirituel d'ordre *ontologique* qui a rapport à l'essence réelle de la Créature [*Malāk, Jinn, Homme*]. Le *Nāfs* incarne la source de toutes les fonctions organiques et notamment de l'activité mentale ou cérébrale. Le *Nāfs* caractérise l'émergence du principe *cognito-spirituel.* Dans sa généralité, il renvoie à des corrélats tels que la conscience, la connaissance, l'ego, l'émotion intérieure. Ainsi, le *Nāfs* est le siège de l'*intelligence*, de la *cognition*, de la *religiosité*, des *émotions* et des principes inhérents à la nature, par exemple *humaine, jinnienne et malākienne*. Il caractérise donc aussi le *libre-arbitre* et la *responsabilité* des actes en ce qui concerne le Jinn et l'Homme. Tandis que le *Roūh* qui est relatif au *Principe Vital, à la Vie*, il se place dans une acception plus fonctionnelle, plus organique, plus « *mécanique* ». Il est ce qui fait qu'un être « *vit* », est animé de la vie. Ce qui différencie la matière « *vivante* » de la matière « *inerte* ». En d'autres termes un homme d'un rocher, par exemple. Ainsi, toutes les créatures terrestres, tous les êtres vivants [faune] sont pourvus du *Roûh*. Alors que le *Nâfs* est spécifique au *Malâk*, au *Jinn* et à l'*Homme*.

CARACTERISTIQUES ONTOLOGIQUES DES TROIS ENTITES INTELLIGENTES

Entité	Malāk	Jinn[199]	Homme[200]
Chronologie d'apparition [création]	1ᵉ	2ᵉ	3ᵉ
Pourvu d'un *corps*[201]	Oui	Oui	Oui
Pourvu d'un *Roūh*	Oui	Oui	Oui
Pourvu d'un *Nāfs*	Oui	Oui	Oui
Pourvu d'un *libre-arbitre*	Non	Oui	Oui
Mortel	Oui	Oui	Oui
Jugement *al-Yāwm al-Qiyāma*	Non	Oui	Oui

---

[199] NAS E. BOUTAMMINA, « Le Jinn, créature de l'invisible », Edit. BoD, Paris [France], janvier 2011.
[200] NAS E. BOUTAMMINA, « Apparition de l'Homme - Modélisation islamique - Volume I », Edit. BoD, Paris [France], septembre 2010.
NAS E. BOUTAMMINA, « L'Homme, qui est-il et d'où vient-il ? - Volume II », Edit. BoD, Paris [France], octobre 2010.
[201] Lorsqu'il est question de « *corps* » à propos du *Malāk* et du *Jinn*, cela va de soi que sa définition en tant que : « *ensemble des parties matérielles constituant l'organisme, siège des fonctions physiologiques et, chez les êtres animés, siège de la vie, par opposition à une chose, à un objet inanimé, sans vie, inerte* » concerne uniquement l'Homme et par extension la faune terrestre.

C - Constitution du Malāk

« Louange à Allah, Créateur des cieux et de la terre, qui a fait des Malāyka des messagers dotés de deux, trois ou quatre ailes. Il ajoute à la création ce qu'Il veut, car Allah est Omnipotent » (*Coran, 35-1*)

Les Malāyka sont des êtres intelligents crées de *Noūr* [« *Energie* » - « *Lumière* »], ils sont doués d'une puissance et d'une taille indéfinissables[202]. Bien plus puissant que les *Jinn*[203] en tout point de vue, il est logique de considérer qu'en ce qui concerne leur célérité de déplacement, elle est évidemment ahurissante, considérablement supérieure à la vitesse de la lumière [300 000 km.s^{-1}]. Ils se déplacent en « *volant* », dans l'espace au-delà des distances connues. Ils possèdent des « *ailes* » mais qui n'ont rien de commun avec ceux des insectes ou des *oiseaux*[204].

Lorsqu'Allah utilise le mot « *ailes* » : « [...] *Malāyka des messagers dotés de deux, trois ou quatre ailes.* [...] », Il se sert d'une formulation qui se prête à une certaine compréhension ; celle qui donne une idée de son emploi qui appartient au langage humain et qui suggère la notion de « *vol* ». Il s'agit de l'action, ici les *Malāyka*, qui se soutiennent dans l'air et s'y déplacent sans l'effet d'un

---

[202] « CORAN, 81-23 »
[203] La vitesse de locomotion du Jinn est déjà bien au-dessus de celle de la lumière [300 000 km.s^{-1}]. Se conférer à : NAS E. BOUTAMMINA, « Le Jinn, créature de l'invisible », Edit. BoD, Paris [France], janvier 2011.
[204] *Ailes*. M*embres* attachés aux parties latérales de la poitrine des oiseaux et de l'abdomen des insectes. Elles sont destinées spécialement au *vol*.

agent extérieur [machine, appareil] grâce à des « *ailes* » [ou à des organes qui s'y apparentent]. Par conséquent, il s'agit de la manière dont les Malāyka utilisent, à travers l'atmosphère [les airs] ou dans l'espace leur mode de locomotion dont Allah les a pourvu. En d'autres termes, l'expression « *ailes* » suggère principalement l'idée de *l'action de se soutenir dans l'air et de s'y mouvoir à l'instar de l'oiseau* [que les Humains connaissent bien à l'époque de la Révélation]. Par analogie de forme et/ou de disposition, et non de structure [*plume*[205] -oiseau-, *peau*[206] -chiroptère-, *écaille, poil* -insecte[207]-, etc.], de morphologie [oiseau - plume fine, duvet, pennes, rémiges, rectrices, tectrices-, insecte -cellule, dessin de nervation-] ou de couleur, par exemple. Ainsi, chacun des éléments latéraux pouvant rappeler la forme d'une « *aile* » disposée et qui se déploie symétriquement par rapport au « *corps* » central [du Malāk] auquel ils adhèrent ou sont contigus.

Ces descriptions « *morphologiques* » concernant ces entités intelligentes sont les seules qu'Allah a bien voulu fournir aux humains.

---

[205] *Plume*. Appendice tégumentaire, se composant généralement d'un tuyau épais, prolongé par une tige effilée, garnie de barbes latérales, et qui, recouvrant l'oiseau en grand nombre, le protège et lui permet de voler.

[206] *Chiroptère*. Ordre de mammifères, comprenant plusieurs espèces de chauves-souris, dont les membranes reliant les phalanges [doigts] très développées des membres supérieurs au corps et aux membres inférieurs permettent le vol. Les chiroptères sont les seuls mammifères doués du vol actif, à distinguer du vol plané que pratiquent les écureuils volants, les phalangers ou les galéopithèques.

[207] L'*aile de l'insecte* est une expansion tégumentaire de l'exosquelette de l'insecte qui lui permet de voler. Elle n'est absolument pas analogue à l'aile des oiseaux.

1 - Malāyka entités noūriques

a - Notions sur la lumière

La physique définit la lumière comme un flux de particules élémentaires nommées *quanta* ou *photons*, se déplaçant à la vitesse C = 300 000 km.s^{-1}. *Le photon est une particule sans masse* transportant l'énergie lumineuse. Cette énergie peut s'interpréter par de la lumière visible, mais aussi par un rayonnement électromagnétique imperceptible tels que les rayons *gamma*.

La Lumière est un rayonnement électromagnétique visible. La lumière est provoquée par des oscillations extrêmement rapides d'un champ électromagnétique dans une gamme distinctive de fréquences perceptibles par l'œil humain. Ainsi, les sensations de couleur ont pour origine les diverses fréquences auxquelles oscillent les *ondes* : de 4.10^{14} oscillations par seconde pour la *lumière rouge* à environ $7,5.10^{14}$ oscillations par seconde pour la *lumière violette*.

Le spectre perceptible de la lumière est habituellement déterminé d'après le domaine de longueur d'onde : de la plus petite longueur d'onde visible pour le *violet*, environ 400 nm [*nanomètre*], à 750 nm pour le rouge. Les longueurs d'onde inférieures à 400 nm répondent au rayonnement *ultraviolet* ; celles plus basses encore définissent les *rayons X*. Les longueurs d'onde supérieures à 750 nm caractérisent les *radiations infrarouges*. Quant à celles plus élevées, elles définissent les *ondes radio*.

La lumière se propage selon une trajectoire rectiligne et l'intensité lumineuse par unité de surface se réduit avec le carré de la distance à la source.

Quand la lumière rencontre une matière, elle est absorbée, réfléchie ou transmise [l'un des cas n'excluant pas les autres]. La lumière réfléchie par une surface asymétrique est propagée dans toutes les directions.

Différentes fréquences sont réfléchies plus intensément que d'autres, ce qui donne aux objets leur couleur particulière. Les surfaces blanches reflètent la lumière de manière identique pour toutes les longueurs d'onde, alors que les surfaces noires absorbent presque toute la lumière. Seules les surfaces très polies, par exemple celle d'un miroir, garantissent la réflexion des images.

Aucun instrument, aucune méthode, ni aucune théorie [*quantique, Constante de Planck, Ondes gravitationnelles*[208], etc.] n'est en mesure de mettre en évidence les *Malāyka* crées de « *lumière* » ou *énergie noūrique* [de *Noūr*].

« *Il [l'homme] a par-devant lui et derrière lui des Malāyka qui se relaient et qui veillent sur lui par ordre d'Allah [...]* » (*Coran, 13-11*)

---

[208] Théorie qui repose sur la détection des déformations de l'espace causées par les ondes, déformations dues à d'infimes modifications de la distance entre des amas de matière. Par exemple, d'après la théorie, ces modifications de distance seraient de l'ordre du micromètre entre la Terre et le Soleil !

« ... *quand les deux recueillants [Malāyka], assis à droite et à gauche, recueillent* » (*Coran, 50-17*)

« *Il [l'Homme] ne prononce pas une parole sans avoir auprès de lui un observateur [Malāk] prêt à l'inscrire* » (*Coran, 50-18*)

Répétons-le, les *Malāyka* ne sont pas créés de rayonnements lumineux inertes provenant d'une quelconque source incandescente originaire d'une fusion nucléaire [*thermonucléaire*[209]], une combustion, etc.

Aucune matière n'absorbe les *émissions noūriques* [« *lumineuses* »] des Malāyka, sinon la nature de leur constitution et donc de leur morphologie peuvent être définies. D'un point de vue physique, aucune longueur d'onde ne peut caractériser la présence des Malāyka.

b - Quelques théories sur la lumière

- *Théorie corpusculaire de la lumière.*

Théorie suivant laquelle la lumière consiste dans une émission de corpuscules matériels. Les lois de rayonnement du « *corps noir* » conduisaient à l'hypothèse des *quanta* d'énergie. Cette hypothèse entraînait peu de temps après, avec la théorie des « *photons* », une sorte de retour à la *théorie corpusculaire de la* lumière.

---

[209] *Thermonucléaire*. Qui concerne la fusion de noyaux d'isotopes légers en noyaux plus lourds, se produisant à des millions ou des dizaines de millions de degrés.

- *Théorie ondulatoire de la lumière*

Théorie suivant laquelle les corpuscules matériels émis par la lumière sont animés d'un mouvement vibratoire. La plupart des phénomènes de l'*optique physique* sont à l'origine de la théorie ondulatoire de la lumière dont on a longtemps pensé qu'elle garderait une position indiscutée.

- *Quanta de lumière*

Quantité d'énergie lumineuse attribuée à un corps incandescent ou luminescent. L'énoncé classique est que pour expliquer l'existence des *quanta* de lumière, il suffit souvent d'admettre que les particules « *matérielles* » chargées ont leur énergie quantifiée.

- *Théorie électromagnétique de la lumière*

Théorie suivant laquelle les propriétés magnétiques de la matière et les radiations lumineuses s'impliquent mutuellement. La découverte qui fut à l'origine de la *théorie électromagnétique de la* lumière stipule : « [...] *les forces magnétiques et la lumière ont des rapports mutuels* ». Mais « *les forces magnétiques n'agissent pas sur le rayon lumineux directement et sans l'intervention de matière* ».

- *La Vitesse de la lumière*

Les physiciens fixent la valeur de la vitesse de la lumière à $C = 299\ 792\ 458$ m.s^{-1} dans le vide qui sert d'étalon dans le système d'Unités Internationales [système SI]. Le mètre est ainsi indiqué comme la longueur du trajet franchi par la lumière dans le vide pendant $1/299\ 792\ 458$ s.

c - Idée d'une vitesse malākienne

« *Les Malāyka ainsi que le Roūh [Jibrīyl] montent vers Lui en un jour dont la durée est de cinquante mille ans* » (*Coran, 70-4*)

D'après ce verset, le Malāk se déplace vers Allah en *1 jour* qui est équivalent à *50 000 ans* en temps humain. Ainsi :

$$1 j^{mal\bar{a}kien} = 18\,250\,000\, j^{humains} \,[365 \times 50\,000]$$

Ce verset met en évidence ou en relief la puissance locomotrice du Malāk. En effet, il énonce un jugement de valeur critique ou d'existence physique, l'authenticité d'une célérité qui dépasse ô combien l'intellect humain. Naturellement, cette notion de vitesse, qui, dans son caractère, sa grandeur, sa manifestation, etc. reste à un seuil de compréhension bien au-delà duquel ce qui peut apparaître, ce qui peut se manifester aux sens ou à la conscience, tant dans l'ordre physique que dans l'ordre psychique, demeure un mystère : c'est en cela que l'on parle, à juste titre, de l'univers du *Ghaīyb* [*Invisible*] du Malāk.

Le déplacement du Malāk semble tenir du phénomène. Il n'est pas conforme à la norme prévisible ou attendue de la physique [classique, quantique, etc.]. Le Malāk se meut d'une manière incompréhensible en dehors du cours ordinaire qu'explique la Science.

La *vitesse de la lumière* est une grandeur physique relative spécifiquement assujettit à l'univers de l'Homme et conçut par lui. Le déplacement du Malāk est si l'on peut dire de type « *instantané* ». La distance et le mouvement semblent être chez cette entité beaucoup plus une *perception active instantanée* qu'une « *action mécanique progressive* » au sens physique du terme. De ce fait, le Malāk pense à un *espace* [lieu, endroit] et il s'y trouve transportée « *physiquement* » [« *matériellement* »][210].

Ce que l'esprit conçoit ou peut concevoir, tout ce qui peut être représenté par la réflexion, par opposition aux phénomènes concernant le *Ghaïyb* accroît la *Connaissance*. On est tenté d'isoler, par l'analyse, un ou plusieurs éléments [ici la célérité] du tout « *ghaïybien* » dont fait partie le Malāk, de manière à les considérer en eux-mêmes et pour eux-mêmes. Pour cela, une démarche intellectuelle des plus humbles consiste donc à éprouver de l'intérêt pour cette entité majestueuse afin d'essayer de l'appréhender, du moins de s'en faire une idée.

Cette opération est une *simplification* en présence du Malāk *concret* infiniment *complexe*, pour ne pas dire mystérieux parce que très peu d'informations coraniques ont été dévoilées à son propos. *Simplification* encore qui nous est imposée, soit par les nécessités de son origine, soit par les exigences de l'*entendement*, et qui consiste à le considérer comme *isolé* [*unité*] sur le plan de la Création.

---

[210] L'esprit humain n'est soumis à aucune contrainte de pensée. Il est libre de raisonner, de spéculer, d'inventer, d'élaborer de nouveaux concepts, de nouvelles théories, de trouver des expédients ; par extension, de se représenter ce qui est immatériel [ici la célérité du Malāk] ou de concevoir une abstraction, de faire des combinaisons nouvelles d'idées, de notions, etc.

Hasardons-nous à concevoir le principe selon lequel la notion de mouvement qui définit le mieux ces entités est un déplacement qui fait appel au concept de ce que l'on pourrait appeler : Fikr d'où la « vitesse Fikr » !

- *Vitesse Fikr*

Le *Fikr*[211] [ou *Faker,* du verbe *Fikra*], c'est l'aptitude à concevoir des notions par la réflexion, l'intellect. Elle étudie surtout le traitement des informations et insiste sur les parallèles entre le *cerveau* et des concepts comme l'exécution d'informations [mouvements très rapides, déplacements lointains, etc.]. Le *Fikr* est donc la capacité qui définit la cohérence des actions. Les facultés de certaines entités intelligentes, comme les *Malāyka*, ne peuvent pas se concevoir par les théories traditionnelles de la physique et de la biologie, surtout lorsqu'il est question de leur mouvement.

La notion de *vitesse Fikr* est un paramètre de grandeur définissant la transmission d'un « *message mental* » répondant par un événement ou une action physique comme un déplacement très rapide [bien au-delà de la vitesse de la lumière] sur une distance astronomique [en *parsec*[212]]. La conception de mouvement et de vitesse qui représente le mieux les Malāyka qui accèdent à une célérité bien supérieure à celle de la lumière se nommerait : *Fikr*.

---

[211] Le terme [arabe] *Fikr* peut s'interpréter par : la *Pensée*. Le *penseur* est *Moufaker*.
[212] *Parsec*. Unité de longueur équivalant à la distance par rapport à la terre d'un corps céleste qui aurait une parallaxe annuelle de une seconde, soit environ à 3,26 années-lumière.

L'existence de ce paramètre donne une idée de la conception de la mobilité particulière d'un corps particulier !

La notion de *Fikr* permet à l'observateur de fixer des données qui seront, quelle que soit leur forme, traduites en des configurations spatiales. Les déplacements physiques sont la résultante d'un transfert d'informations qui se traduisent en mouvements sur une étendue spatiale.

Le *Fikr* est la résultante d'une instruction transmise sous forme d'une configuration particulière d'informations. La visualisation d'un déplacement à très longue distance et son transfert sous forme d'informations s'établissent instantanément. Le *Fikr* est le temps nécessaire pour parcourir un point A [« *décision-exécution* »] à un point B [« *sens, destination* »]. En général, elle relie les différentes parties du système [trajet] sans être modifiée par la *matière* [atomes, molécules, etc.].

Le *Fikr* s'applique au modèle général d'un système de *mouvement malākien*. Ce système se compose d'une source d'information qui produit le message, d'un *canal* ou trajet de communication, par lequel transite ce message sous forme de déplacement physique et enfin d'une *direction*, c'est à dire d'un *sens* [destination]. Dans ce *système malākien* il n'existe aucune limite à la capacité du canal, aucune altération du message et enfin, aucune interférence au déplacement.

Le *Fikr* manipule le concept de mouvement. Il étudie, en effet, le comportement de ces entités [Malāyka] qui utilisent et transforment de l'*information* [*donnée*] en énergie, donc en *mouvement* dans leur environnement.

2 - Malāyka n'a pas de masse [« *charge* »]

a - Masse et poids[213]

La *masse* d'un objet mesure simplement la quantité de matière contenue dans cet objet c'est à dire la masse des particules qui constituent cet objet [atomes ou *molécules*]. Cette quantité de matière [donc la masse] sera la même quel que soit l'endroit où se trouve l'objet dans l'Univers.

Le *poids* mesure, lui, la force d'attraction qu'exerce un astre sur un objet et cette force d'attraction sera d'autant plus grande que cet astre aura une masse élevée. Ce qui signifie que le poids d'un objet varie dans l'Univers et

---

[213] *La masse d'un corps*. Si deux corps pesants se tiennent par un fil passant sur une poulie, comme les forces qui résultent de leur pesanteur, et qui sont proportionnelles aux masses, tirent le fil en sens contraire, il n'y a que la différence de ces forces qui puisse leur imprimer du mouvement ; et comme les deux corps doivent se mouvoir conjointement et parcourir le même espace vertical dans le même temps, la masse totale à mouvoir est la somme des masses ; ainsi, l'action de la gravité pour mouvoir ces corps, se trouve diminuée en raison de la différence des masses à leur somme ; par conséquent, les espaces parcourus au bout d'un temps quelconque, seront à ceux d'un corps pesant qui tombe librement, dans la même raison.
Quantité de matière. La masse d'un corps est la quantité de matière dont il est composé. Dans les corps homogènes, la masse est proportionnelle au volume ; mais les corps formés de différentes substances, comprennent, en général, sous le même volume, des quantités de matière plus ou moins grandes.

dépend de l'astre où il se trouve. Si cet objet se situe à une distance extrêmement grande d'un astre il ne subira quasiment aucune attraction et son poids sera quasiment nul. On dit que l'objet est en *apesanteur*[214].

Par définition, le « *poids est une force, pression exercée vers le bas par un corps physique soumis à la gravitation* ».

Grandeurs différentes, la *masse* et le *poids* sont reliés l'une à l'autre par la relation suivante :

$$Poids = Masse \times g^{215}$$

« *Nous allons bientôt entreprendre votre jugement, ô vous les deux charges [Humain et Jinn]* » (*Coran, 55-31*)

Taqalan de *Taqail* qui signifie *pesant*, *lourd* ou *volumineux*, c'est à dire de quelque chose qui possède une *masse*. Allah donne un renseignement capital concernant l'*Homme* et le *Jinn* qui les définit de *charge*, donc d'une quantité de matière d'un corps. Ainsi, le Jinn est partiellement affecté par une *masse* par rapport à l'Homme qui en est imprégné totalement. Par définition, ces deux êtres sont soumis à un *poids* qui est la mesure de la force

---

[214] *Apesanteur*. Annulation des effets de la force d'attraction de la terre ou pesanteur.

[215] g [*gravité, gravitation*]. Représente ce qui est nommée l'accélération ou l'intensité de la pesanteur qui a une valeur différente selon l'astre où l'on se trouve. Sur la Terre, par exemple : g est 6 fois plus grand que g sur la Lune. En d'autres termes, la Terre attirera les objets 6 fois plus vers elle que la Lune et que leur poids sera 6 fois plus grand sur la Terre que sur la Lune.

gravitationnelle exercée sur un corps. Celui-ci est égal au produit de la masse de ce corps par l'accélération de la pesanteur.

Ce verset, par exemple, explique que les Malāyka qui ne font pas partie des « [...] *deux charges [homme et Jinn]* » ne sont pas, par conséquent, soumis aux lois de la gravitation.

Le *Jinn*[216] est pourvu d'une masse et donc d'un poids et cependant, il échappe à tout paramètre, à toute mesure et à toute perception humaine. Le *Jinn* étant un être dont l'existence est *terrestre*, il est naturel qu'il soit soumis aux forces gravitationnelles[217].

---

[216] NAS E. BOUTAMMINA, « Le Jinn, créature de l'invisible », Edit. BoD, Paris [France], janvier 2011.

[217] *La gravitation* est le phénomène d'attraction mutuelle entre les corps matériels, dépendant de leur masse et du carré de leur distance. Cette interaction est inhérente aux masses de ces corps. Néanmoins, il ne se réfère précisément qu'à la force d'interaction gravitationnelle entre la Terre et les corps placés à proximité, par exemple, l'*Homme* ou le *Jinn*. Dans ce cas, il s'agit aussi de *pesanteur*. La gravitation est l'une des quatre forces d'interaction fondamentales de la matière. Les autres sont les interactions nucléaires fortes et faibles, et la force d'interaction électromagnétique.

La *loi de la gravitation*[217], formulée par les physiciens, ne s'applique qu'à l'Homme. Curieusement, le *Jinn* échappe à cette règle. Elle stipule que l'attraction gravitationnelle entre deux corps est directement proportionnelle au produit des masses des deux corps, et inversement proportionnelle au carré de la distance les séparant. La loi s'exprime sous forme algébrique : $F = G \frac{M_1.M_2}{d^2}$

F représente la force de gravitation, M_1 et M_2 les masses respectives des deux corps, d la distance entre les corps et G, la constante gravitationnelle.

Allah ne désigne pas les Malāyka de *Taqalan* [de *Taqail*] ou « *charge* » ce qui explique leur *constitution noūrique* et les propriétés qui s'y rattachent : les forces gravitationnelles n'influent pas sur eux, leur célérité ahurissante, leur déplacement [aérien, spatial, etc.].

Energie lumineuse. La *Physique* démontre que le rayonnement est le processus par lequel l'énergie se propage dans le vide ou dans un milieu matériel, par exemple l'air, le CO^2, la vapeur d'eau. Il désigne divers phénomènes de propagation dont deux types de rayonnement : les *rayonnements ondulatoires* qui ne s'accompagnent d'aucun transport de matière [ondes élastiques et électromagnétiques] et les *rayonnements corpusculaires* qui révèlent des flux de particules de masse non nulle. Les rayons cosmiques, les rayons alpha et bêta sont des rayonnements corpusculaires.

Tout mouvement nécessite de l'*énergie*. A moins que l'on soit une entité de *pure énergie*. La lumière, le Noūr

---

La valeur actuelle pour cette constante est $6,67.10^{-11}$ $N.m^2.kg^{-2}$. Ainsi, si on considère deux corps sphériques de 1 kg, séparés de 1m (distance entre les deux centres), la force de gravitation s'exerçant entre ces deux corps est de $6,67.10^{-11}$ N. Cette force très faible est égale au poids mesuré à la surface terrestre, d'un objet ayant une masse d'environ $[1/150].10^9$ kg.

Accélération et pesanteur. La gravité ou pesanteur est ordinairement mesurée par l'accélération d'un objet en chute libre, à la surface de la Terre. A l'équateur, l'accélération de la pesanteur, notée *g*, est de $9,7799$ $m.s^{-2}$, tandis qu'aux pôles cette accélération est supérieure à $9,83$ $m.s^{-2}$. La valeur normalisée est de $9,80665$ $m.s^{-2}$.

étant par définition une énergie, les Malāyka se déplacent sans inconvénient.

Ainsi, l'énergie noūrique est une autre forme de rayonnement inconnu !

Les Malāyka sont pourvus d'une structure noūrique [« *corpusculaire malākite* »] agençant une sorte de « *corps* » de *particules noūriques* [« *lumineuses* »] sans se caractériser comme un type de rayonnement connu. Ils ne peuvent se définir selon les lois de la physique mécanique ou quantique. Les Malāyka sont des entités intelligentes, sensibles, doués de raison, pourvus d'un *corps noūrique* fonctionnellement agencé et opérant qui est adapté pour le mouvement et la vitesse.

Les *Malāyka* se propagent tout aussi à l'aise dans un milieu matériel terrestre [aérien, aquatique] que spatial [vide de l'espace]. La nature noūrique et la célérité de ces entités ne sont limitées par aucun milieu physique ou matériel. L'origine de leur environnement n'est aucunement terrestre.

« *… Ceux qui sont auprès de Lui [Malāyka] ne se considèrent point trop grands pour L'adorer et ne s'en lassent pas* » *(Coran, 21-19)*

« *Et que de Malāyka dans les cieux …* » *(Coran, 53-26)*

L'*énergie* est la capacité d'un système à produire un *travail*, c'est à dire le produit scalaire d'une force [action qui modifie la vitesse d'un corps ou qui le déforme] par le vecteur déplacement de son point d'application. Quand la force est colinéaire au vecteur déplacement, le travail est le produit de l'intensité de la force par la distance parcourue par le corps. Le *travail* est l'un des modes de transfert de l'énergie. Connue par la *Physique*, l'énergie totale du système demeure constante.

La réaction nécessaire à l'obtention d'un travail cinétique de la part des Malāyka est un mystère. Le Malāk constitué d'énergie noūrique qui n'est pas restituée à l'environnement sous forme de lumière ou de chaleur !

3 - Malāyka sont invisibles

a - Qu'est ce que l'Invisible ?

Le terme *invisibilité* se définit par : « *qui par essence, n'est pas visible* », qui n'est pas visible à l'œil nu ; *qui ne se laisse pas voir, qui ne se montre pas* ; *ou encore qui n'apparaît pas à la vue pour une cause inconnue. Par extension, ce qui n'est pas manifeste, qui échappe à la connaissance. Enfin, tout ce qui ne se perçoit pas par les cinq sens de l'homme.* Ainsi, le Ghaïyb se définit par : « *Univers de l'Invisible* ».

- *Le sens*

Le *sens* s'explique comme : « *la faculté d'éprouver le monde par les sensations* ». Il s'agit de :

> - la *vue* : « *perçue par l'œil* ». Fonction avec laquelle on perçoit par les yeux.
> - l'*ouïe* : « *sens qui permet la perception des sons* »

- l'*olfaction* : « *sens qui permet de percevoir les substance chimiques volatiles [odeurs]* »
- le *toucher* : « *sens qui permet de connaître par le contact* » ou encore : « *être en contact physique avec quelqu'un ou quelque chose* »
- le *goût* : « *sens par lequel on perçoit les saveurs* »

Il existe plusieurs mondes de l'*Invisible* :

b - L'Invisible devenu visible grâce à la Science

- *Le monde des microorganismes*

Grâce à l'avènement du *Microscope optique ou photonique*[218], ainsi que du *Microscope électronique*[219] [*microscopie électronique à très haute résolution* - images directes de structures atomiques-, *microscope électronique analytique moderne*][220] ont permis d'observer des éléments,

---

[218] *Microscope optique ou photonique.* Instrument d'optique qui permet d'observer, par grossissement, des éléments non visibles à l'œil nu. Grossissement maximum d'un microscope optique : x1400 à x 2000.

[219] *Microscope électronique.* Type de microscope utilisant un faisceau de particules d'électrons pour illuminer un échantillon et créer ainsi une image très agrandie. Les microscopes électroniques ont un plus grand pouvoir de résolution [ou pouvoir de séparation. Distance minimale qui doit exister entre 2 points proches pour qu'ils soient correctement discernés au travers d'un système optique, tel qu'un microscope ou un télescope] que les microscopes optiques qui utilisent des rayonnements électromagnétiques [lumière visible] et peuvent obtenir des grossissements beaucoup plus élevés allant jusqu'à 2 millions de fois, alors que les meilleurs microscopes optiques sont limitées à grossissement de 1400 à 2000 fois.

[220] *Microscopie conventionnelle à transmission* [MET] ou *Conventional - Transmission- Electron Microscope* [CEM ou CTEM].

objets, organismes invisibles à l'œil nu, comme les *microorganismes* qui sont des organismes minuscules et unicellulaires tels que : les *bactéries*, les *champignons* microscopiques, les *virus* et *protozoaires*.

- *Bactérie*. Micro-organisme unicellulaire se reproduisant par scissiparité[221].
- *Virus*. Agent pathogène caractérisé par une très faible taille, invisible au microscope optique[222].

Microscopie conventionnelle à réflexion [MER] ou *Reflexion -Conventional- Electron Microscope* [REM].
Microscopie à balayage en réflexion [MEB] ou *Scanning -Reflexion- Electron Microscope* [SEM].
Microscopie à balayage en transmission [MEBT] ou *Scanning Transmission Electron Microscope* [STEM].

[221] *Bactéries*. Elles sont constituées d'une cellule unique dépourvue de noyau : on parle de cellule *procaryote* [cela les distingue de tous les autres êtres vivants, les *eucaryotes*]. Cette cellule sans noyau est entourée par une membrane doublée d'une paroi plus ou moins épaisse ; à l'intérieur de la cellule flotte le matériel génétique, composé d'une seule molécule d'ADN refermée sur elle-même en cercle. Les bactéries ont une taille généralement comprise entre 0,1 et 50 *micromètres* [ou *um* - Unité de mesure de longueur valant un millionième de mètre]. Elles peuvent être de forme incurvée ou allongée [*bacilles*], sphérique [*cocci*], spiralée [*spirilles*].

[222] *Virus*. Particule microscopique infectieuse possédant un seul type d'acide nucléique [ADN ou ARN] qui ne peut se répliquer qu'en pénétrant dans une cellule et en la parasitant en utilisant sa machinerie cellulaire. Les virus sont en général des germes pathogènes. Vaste famille de microorganismes responsables d'infections ; une caractéristique des virus est qu'ils ne peuvent pas se multiplier à l'extérieur des cellules de l'organisme qu'ils ont infectées. Un virus est une particule de dimension très faible soit 0,02 à 0,3 µ [pour les plus gros virus]. Leur dimension peut descendre à 10 nanomètres pour les plus petits virus, c'est le cas entre autres, du virus de la *poliomyélite* ou de la *fièvre aphteuse*.

- *Protozoaire*. Tous les animaux unicellulaires sans chlorophylle[223].

- *Les rayonnements invisibles*

La *lumière visible*, appelée aussi *spectre visible* ou *spectre optique* est la partie du spectre électromagnétique qui est visible pour l'œil humain. Il n'y a aucune limite exacte au spectre visible : l'œil adapté à la lumière possède généralement une sensibilité maximale à la lumière de longueur d'onde d'environ 550 nm, ce qui correspond à une couleur jaune-verte.

Généralement, on considère que la réponse de l'œil couvre les longueurs d'ondes de 380 nm à 780 nm bien qu'une gamme de 400 nm à 700 nm soit plus commune. Les fréquences correspondante vont de 350 à 750 THz Cette gamme de longueur d'onde est importante pour le monde vivant car des longueurs d'ondes plus courtes que 380 nm endommageraient la structure des molécules organiques tandis que celles plus longues que 720 nm seraient absorbées par l'eau, constituant abondant du vivant. Ces extrêmes correspondent respectivement aux

---

[223] *Protozoaire*. Il désigne les protistes [eucaryotes unicellulaires] hétérotrophes qui absorbent leur nourriture par phagocytose, contrairement aux deux autres types de *protistes*. Les Protozoaires, généralement unicellulaires, sont toujours de petits organismes, proche de 1 millimètre pour les plus gros, mais pouvant s'assembler en colonies, formant alors presque des superorganismes. Ils vivent exclusivement dans l'eau ou dans les sols humides ou à l'intérieur d'un organisme [dans le mucus pulmonaire, l'intestin, la panse de certains animaux, etc.]. Ils sont connus pour être responsables de nombreuses maladies telles que la malaria et certaines *dysenteries*, telle l'*amibiase*.

couleurs violet et rouge. Cependant, l'œil peut avoir une certaine réponse visuelle dans des gammes de longueurs d'onde encore plus larges. Les longueurs d'onde dans la gamme visible pour l'œil occupent la majeure partie de la *fenêtre optique*, une gamme des longueurs d'onde qui sont facilement transmises par l'atmosphère de la Terre. L'ultraviolet [UV] et l'infrarouge [IR] sont considérés comme *lumière* car constitués d'ondes électromagnétiques, des photons -à l'instar des rayons gamma, X, micro-ondes, ondes hertziennes, etc.- *mais ne sont pas visibles par les humains*. Voici une brève description des différentes catégories de lumière que l'on retrouve dans le spectre électromagnétique, par ordre croissant d'énergie.

° *Ondes radio*

Le *son* est une onde qui se propage dans l'air ; toutefois, les ondes qui transportent les émissions radio de l'antenne émettrice à votre poste récepteur ne sont pas des ondes sonores. Une antenne radio émettrice produit de la lumière tout comme un néon ; la différence, c'est qu'il s'agit d'ondes de type radio, un genre d'ondes que nos yeux ne peuvent percevoir -pas plus que les oreilles, d'ailleurs-. Les ondes radio ont une longueur de l'ordre du mètre, ce qui correspond à une fréquence de l'ordre de 100 millions de hertz. Elles sont déformées selon un code qui représente le son ou l'image qu'elles ont pour mission de véhiculer. Un récepteur capte les ondes puis décode le signal, transformant les déformations -ou *modulations*- d'amplitude pour les ondes AM, de fréquence pour les ondes FM et la télévision en une reproduction plus ou moins fidèle du son ou de l'image originale.

° *Micro-ondes*

Les *micro-ondes* qui s'activent dans les fours [à micro-onde] sont parmi les ondes lumineuses qui ont le moins d'énergie ; en fait, elles ont moins d'énergie que les ondes infrarouges ou visibles qui se dégagent de l'élément chauffant d'un four conventionnel. Leur extraordinaire efficacité est due à un effet à la fois subtil et violent qu'on nomme la *résonnance*. Ce que nous mangeons contient une très grande proportion d'eau. Or les molécules d'eau possèdent une fréquence propre qui correspond à celle des micro-ondes. Lorsqu'elles sont « *secouées* » par les micro-ondes, elles entrent en résonnance, c'est-à-dire que leur mouvement est démultiplié. La température d'un objet étant une mesure du niveau d'agitation de ses molécules, les micro-ondes augmentent ainsi la température de l'eau contenue dans les aliments.

° *Infrason*

Vibration de la nature du son, de fréquence trop basse pour être entendue par l'homme. Un *infrason* [IS] est un son dont la fréquence est inférieure à 20 Hz. Il est donc trop grave pour être perçu par l'oreille humaine [sa fréquence est trop basse]. Il est entendu que le spectre d'audition humain va, approximativement et suivant l'âge, de 20 à 20 000 Hz. Au-delà de 20 kHz et en dessous de 20 Hz, l'homme n'entend plus rien. Les infrasons jouent un rôle dans la communication chez certains mammifères tels que les éléphants, les girafes ou les baleines. C'est notamment le cas pour les éléphants dont les organes sont adaptés à l'amission et à la réception de certaines fréquences IS. Ils peuvent ainsi communiquer à très longue distance grâce à des sons non audibles pour l'homme.

° *Ultrason*

Les *ultrasons* [US] sont inaudibles pour les humains mais pas pour certaines espèces animales. Dans le cas des ultrasons, on sait que c'est en émettant de telles fréquences que les chauves-souris peuvent se diriger dans l'obscurité [principe du sonar]. L'oreille humaine est théoriquement sensible aux fréquences comprises entre 16 Hz et 18.000 Hz mais cela varie en fonction de l'âge et d'un individu à un autre[224]. Vibration acoustique de fréquence très élevée, inaudible pour l'oreille humaine [le son est trop aigu], de la même façon que les infrasons désignent les sons dont la fréquence est trop faible pour être perceptible par l'oreille humaine. De nombreux animaux, tels que les chiens ou les chauve-souris, peuvent entendre ces sons. Certains peuvent en émettre : les chauve-souris ou les cétacés [baleine, dauphin, etc.] émettent des ultrasons qui se répercutent sur les objets environnants, ce qui leur permet ainsi de percevoir leur environnement, c'est l'*écholocation*.

Appareil de mesure : *sonomètre*. C'est l'appareil qui mesure l'intensité acoustique des bruits. L'application en médecine est : l'*échographie* ou *écho Doppler*.

---

[224] Une « *bonne oreille* » capte les fréquences allant de 20 Hz à 15 000 Hz et c'est surtout dans le domaine des sons aigus que l'oreille perd rapidement de son efficacité. A 60 ans, nombreuses sont les personnes qui ne perçoivent plus grand-chose au-delà de 10 000 Hz [10 kHz].

° *Rayons X*[225]

Découvertes en 1895, ces ondes électromagnétiques ont la propriété de traverser notre corps sans trop de difficulté. La radiographie médicale est basée sur le fait que les os sont une peu plus opaques aux rayons X que la chair. En traversant l'organisme, les rayons X ionisent au passage plusieurs atomes [du corps], ce qui peut -en cas d'exposition très fréquente- causer des mutations génétiques et des cancers. Il n'en reste pas moins que

---

[225] *Détection des Rayons X*. Les rayons X sont invisibles à l'œil, mais ils impressionnent les pellicules photographiques. Si l'on place un film vierge protégé de la lumière [dans une chambre noire ou enveloppée dans un papier opaque], la figure révélée sur le film donne l'intensité des rayons X ayant frappé la pellicule à cet endroit. C'est ce qui a permis à Röntgen de découvrir ces rayons. Ce procédé est utilisé en radiographie médicale ainsi que dans certains diffractomètres. Il est aussi utilisé dans les systèmes de suivi des manipulateurs : ceux-ci doivent en permanence porter un badge, appelé « *film dosimètre* », enfermant une pellicule vierge ; ce badge est régulièrement changé et développé par les services de santé pour contrôler que le manipulateur n'a pas reçu de dose excessive de rayons X. Comme tous les rayonnements ionisants, les rayons X sont détectés par les *compteurs Geiger-Müller* [ou compteur G-M]. Si l'on diminue la tension de polarisation du compteur, on obtient un compteur dit « proportionnel » [encore appelé « *compteur à gaz* » ou « *compteur à flux gazeux* »] ; alors que le compteur G-M travaille à saturation, dans le compteur proportionnel, les impulsions électriques générées sont proportionnelles à l'énergie des photons X.
Les rayons X provoquent aussi de la fluorescence lumineuse sur certains matériaux, comme l'iodure de sodium NaI. Ce principe est utilisé avec les « *compteurs à scintillation* » ou « *scintillateurs* » : on place un *photodétecteur* après un cristal de NaI ; les intensités des impulsions électriques récoltées par le photomultiplicateur sont elles aussi proportionnelles aux énergies des photons.

l'utilisation des rayons X a rendu -et rend encore- de grands services à la médecine : à choisir, une dose contrôlée de rayons X est tout de même préférable à un coup de scalpel.

° *Infrarouge*

Cette catégorie d'ondes invisibles de faible énergie est connue de tous, entre autres par l'application qu'en font certaines chaînes de restauration rapide[226]. Bien qu'elles émettent une certaine quantité de lumière visible, ces ampoules émettent surtout de l'infrarouge, que l'on associe en général à la chaleur [bien que la lumière visible crée aussi une sensation de chaleur].

° *Lumière visible*

Ce qui pour les Anciens était la lumière ne représente qu'une infime partie du spectre électromagnétique. Les couleurs qui la composent vont du rouge [qui correspond au minimum d'énergie], jusqu'au bleu et au violet [énergie maximale], en passant par le jaune et le vert. Cette lumière n'a rien de très particulier sauf le fait, fort important pour nous qu'elle excite des réactions photochimiques dans nos organes de visions : les *yeux*. C'est aussi -et ce n'est peut-

---

[226] Par exemple, lorsque des frites sont prêtes avant que le steak soit cuit, on les met en « *stand-by* » sous de petites ampoules oranges qui ont la propriété de les garder au chaud. Les applications de ce type de lumière ne se limitent pas à l'industrie de la restauration. La technologie militaire a développé des lunettes spéciales permettant de « *voir* » la radiation infrarouge. Etant donné que tout objet porté à une température comparable à celle du corps humain est une important source de chaleur et donc d'infrarouge ; on peut voir en pleine nuit.

être pas un hasard- la sorte de lumière que notre Soleil émet le plus.

° *Ultraviolet*

Cette sorte de *lumière invisible* est bien connue des adeptes du bronzage et des fabricants de crème solaire. Ses photons ont l'énergie requise pour provoquer sur la peau une réaction chimique qui en modifie la couleur. Le bronzage est en effet un mécanisme de défense du corps contre l'attaque des rayons ultraviolets.

° *Rayons gamma*

Cette sorte de lumière, la plus énergétique qui soit, est émise lors des phénomènes entraînant la disparition de matière qui se produisent au cours d'une réaction nucléaire -une réaction mettant en jeu le noyau des atomes. La fréquence des rayons gamma est limitée à un plateau au-delà duquel la lumière ne peut tout simplement plus exister.

En effet, au-delà d'une certaine énergie, les photons de lumière gamma se transforment en particules de matière, selon la fameuse équation : $E = mc2$.

- *Molécules olfactives*

L'odeur est le résultat, perçu par le sens de l'odorat, de l'émanation des corps volatils contenus dans certaines substances comme les *molécules chimiques* : les molécules odorantes ou parfum, ou de fragrance dans le cas des fleurs. Grâce à des appareillages sophistiqués[227], il est possible de détecter dans l'atmosphère les *molécules chimiques volatiles* [*odorantes*]. L'*appareil olfactif humain* est considéré comme l'un des sens les moins développés du règne animal. Il existe, en pratique, deux seuils perceptifs de l'olfaction. Le plus faible correspond à la détection d'une odeur, mais que l'individu ne peut déterminer. Le second seuil se rapporte à l'identification de l'odeur en question. Certaines molécules, comme les *thiols* ou

---

[227] Le *Chromatographe* est un appareil permettant de réaliser une *chromatographie*, analyse des constituants chimiques d'un mélange. Le *Chromatographe* détecte les molécules odorantes. Pour détecter les moindres molécules odorantes constituants un parfum, les scientifiques ont mis au point un *chromatographe olfactif*. Cet appareil sépare les molécules une par une puis les mesure, afin de déterminer lesquelles on un réel impact sur l'arôme.

La *Chromatographie en phase gazeuse* [CPG] est, comme toutes les techniques de chromatographie, une technique qui permet de séparer des molécules d'un mélange éventuellement très complexe de nature très diverses.

La *Chromatographie en phase liquide* [CPL] ou *Liquid Chromatography* [LC] est une technique d'analyse quantitative, qualitative et séparative principalement utilisée dans le domaine de la chimie analytique.

Le *Spectrométrie de masse* [*Mass Spectrometry* ou *MS*] est une technique physique d'analyse permettant de détecter et d'identifier des molécules d'intérêt par mesure de leur masse, et de caractériser leur structure chimique[227]. Son principe réside dans la séparation en phase gazeuse de molécules chargées [ions] en fonction de leur rapport masse/charge [*m/z*]. La spectrométrie de masse est utilisée dans pratiquement tous les domaines scientifiques : physique, astrophysique, chimie en phase gazeuse, chimie organique, dosages, biologie, médecine, etc.

Molécules gustatives. Le goût pour lequel il n'existe pas d'appareil de mesure ou de modèle animal.

mercaptan[228] se détectent à des taux beaucoup plus faibles que d'autres. Beaucoup d'animaux sont capables de détecter des molécules un milliard de fois plus diluées que le seuil de notre odorat.

c - L'Invisible qui reste pour l'instant Invisible

En l'état actuel de la Science, l'Homme ne peut appréhender par exemple le monde du *Jinn* et du *Malāk*.

« ... *Mais, lorsque les deux groupes furent en vue l'un de l'autre, il [Iblīs, le Jinn] tourna les talons et dit : « Je vous désavoue. Je vois ce que vous [humains] ne voyez pas [les Malāyka]... » ...» (Coran, 8-48)*

« *Puis, Allah fit descendre Sa quiétude [Sa Sakina] sur Son messager et sur les croyants. Il fit descendre des troupes [Malāyka] que vous ne voyiez pas, et châtia ceux qui ont mécru. Telle est la rétribution des mécréants* » *(Coran, 9-26)*

Ces versets portent à la connaissance de l'homme une chose qu'il ignorait : l'invisibilité des Malāyka [et des Jinn]. Cette révélation rend accessible à son intelligence une idée du *Ghaïyb*. Elle fait apparaître une des facultés de ces entités en levant le voile qui les recouvrait.

---

[228] *Mercaptan.* Composé organique [de formule R-SH], généralement caractérisé par une odeur fétide, analogue aux alcools mais dans lequel un atome de soufre divalent remplace l'atome d'oxygène du radical *oxhydrile*.

FACULTE DE PERCEPTION DES TROIS ENTITES

Entité	Malāk	Jinn	Homme
Malāk faculté de voir :	Oui	Oui	Oui
Jinn faculté de voir :	Oui	Oui	Oui
Homme faculté de voir :	Non	Non	Oui

La *photométrie* [*photométrie visuelle, photométrie physique*] mesure des grandeurs physiques relatives aux rayonnements lumineux, telles que l'intensité lumineuse, le flux lumineux ou l'éclairement, selon l'impression produite sur l'œil. L'œil humain qui dépend de facteurs physiologiques et psychologiques est incapable de discerner les Malāyka [ainsi que les Jinn]. L'œil ne peut s'utiliser que pour effectuer des comparaisons sur les lumières naturelles à étudier. La photométrie physique compare l'intensité de la source à mesurer à celle d'une source étalon en utilisant une cellule photoélectrique ayant la sensibilité spectrale de l'œil moyen conventionnel [photomètre, luminancemètre, spectrophotomètre, spectroscope à prisme, spectroscope à réseau de diffraction, spectrographe spectroscope, luxmètre, densitomètre].

Les paramètres spectraux *noūriques* mis en jeu par les Malāyka sont explicitement plus complexes que ceux du spectre moléculaire ou atomique connu à l'heure actuelle.

La *lumière* [solaire] a un rôle capital, par exemple, sur la vie des plantes [*photosynthèse*[229]]. De même, *Jibrīyl*,

---

[229] *Photosynthèse*. Ensemble des phénomènes qui participent à la production de glucides par les végétaux verts à partir de l'eau et du gaz carbonique de l'air qu'ils peuvent fixer et transformer en matière

nommé aussi *Roūh* détient une fonction essentielle dans la vie de l'Homme. En effet, celui-ci insuffle le *Roūh* ou *Principe Vital* [ou de Vie] aux humains.

L'étude de la présence des Malāyka défit l'entendement humain et le concept même de physique [physique classique, physique quantique, physique des particules, physique nucléaire, etc.].

« *Et sur ses côtés [se tiendront] les Malāyka, tandis que huit, ce jour-là, porteront au-dessus d'eux le Trône de ton Seigneur* » *(Coran, 69-17)*

d - *L'Invisible inconcevable, impossible à saisir*

Ce domaine de l'Invisible [Ghaïyb] n'est accessible ni avec les sens, ni avec aucun appareillage, ni même le concevoir ou l'imaginer. Cet Univers de l'Invisible est relatif à Allah et il est verrouillé par Lui !

4 - *Malāyka asexués*

« *Votre Seigneur aurait-Il réservé exclusivement pour vous des fils, et Lui, aurait-Il pris pour Lui des filles parmi les Malāyka ? Vous prononcez là une parole monstrueuse* » *(Coran, 17-40)*

« *Ou bien avons-Nous créé des Malāyka de sexe féminin, et en sont-ils témoins ?* » *(Coran, 37-150)*

---

organique grâce à la chlorophylle, et en utilisant, comme source d'énergie, le rayonnement solaire.

« *Et ils firent des Malāyka qui sont les serviteurs du Tout Miséricordieux des [êtres] féminins ! Etaient-ils témoins de leur création ? Leur témoignage sera alors inscrit ; et ils seront interrogés* » *(Coran, 43-19)*

« *Ceux qui ne croient pas en l'au-delà donnent aux Malāyka des noms de femmes,…* » *(Coran, 53-27)*

« *… alors qu'ils n'en ont aucune science : ils ne suivent que la conjecture, alors que la conjecture ne sert à rien contre la vérité* » *(Coran, 53-28)*

Les Malāyka sont des *entités asexuées* qui ne se reproduisent pas[230]. A la différence des humains, ce sont des êtres vivants *noūriques* ne faisant intervenir aucun élément « *sexuel* » spécialisé [comme les *gamètes* pour les humains]. Pour ce type d'entité un individu [Malāk] n'engendre pas de nouveaux individus [Malāyka] par l'intervention d'un partenaire de sexe opposé. A l'exemple

---

[230] La *Science* explique une *reproduction asexuée* qui est aussi nommée reproduction [ou multiplication] végétative, car elle met en jeu des cellules non spécialisées de l'organisme, dites végétatives [ou somatiques], qui se divisent par mitose [et non par méiose comme les gamètes]. A la différence de la reproduction sexuée, facteur important de variation génétique, la reproduction asexuée engendre des individus génétiquement identiques, ou clones. Chez une infime proportion d'espèces [particulièrement les champignons dits imparfaits], la reproduction asexuée est le seul mode de reproduction connu mais, dans la plupart de ces cas, on pense qu'elle coexiste avec un mode de reproduction sexuée devenu inopérant ou non encore identifié. Répandue dans l'ensemble du règne et dans celui des protistes, la reproduction asexuée ne concerne, parmi les animaux, que des représentants du groupe des invertébrés.

de l'Homme, aucune information concernant leur *création* n'a été révélée par Allah. Cependant, Il s'indigne de la représentation qu'ont les humains des Malāyka.

Par l'entremise de certains versets, Allah rétorque l'Homme à plus de réserve quant à ses propos qui ne découlent d'aucun savoir et ni d'aucune science. Finalement, la génération du Malāk ne s'effectue pas par l'union de deux types d'individus dissemblables et dont la collaboration est indispensable à la persistance de la lignée.

a - « Koūn Fāyākoūn » [« *Sois !* » *et elle est*] : *action créatrice*

« *Et c'est Lui qui a créé les cieux et la terre, en toute vérité. Et le jour où Il dit : « Koūn Fāyākoūn » [« Sois ! » et Cela est] […]* » *(Coran, 6-73)*

« *Quand Nous voulons une chose, Notre seule parole est : « Koūn Fāyākoūn » [« Sois ! » Et, elle est].* » *(Coran 16-40)*

« *[…] Gloire et Pureté à Lui ! Quand Il décide d'une chose, Il dit seulement : « Koūn Fāyākoūn » [« Sois ! » et elle est]* » *(Coran, 19-35)*

Difficilement saisissable parce qu'elle marque le point névralgique où la raison humaine inscrit sa limite et son impuissance. La notion *« Koūn Fāyākoūn »* [« *Sois !* » *et elle est* »], lorsqu'elle s'analyse même d'une manière vague, évoque, dans les différents ordres du connaître, de l'être et de la genèse, une excellence *divine* diversement valorisée par les idées connexes d'intention, d'indépendance et de source.

Le concept de « *Koūn Fāyākoūn* » se réfère à la *Création* [Univers, Malāyka, Jinn, Homme, etc.] qui peut jouer sur divers plans, pour permettre une visée correcte de ce qui échappe à la compréhension et à la représentation. Si l'on conçoit le Malāk non plus en référence à de la matière, mais comme le degré zéro en fonction duquel se constitue les Malāyka, on fera de « *Koūn Fāyākoūn* » le principe immédiat de l'action créatrice. Si, on pense plus concrètement le Malāk comme l'ensemble ordonné des Malāyka qui remplissent cette action « *génératrice* », on dira de préférence que les Malāyka est le terme immédiat de « *Koūn Fāyākoūn* ».

Dans les deux cas de cet exemple, « *Koūn Fāyākoūn* » porte sur le *tout*. En ce sens, l'action créatrice est pensée comme « *totalisante* » et que la toute-puissance se manifeste par une diversité qualitative d'expressions.

La question de « *Koūn Fāyākoūn* » procède immédiatement du Dieu créateur dont la responsabilité du monde sensible procéderait immédiatement de Son intention absolue. « *Koūn Fāyākoūn* », dans son orientation générale, se décide en faveur de toute action créatrice médiate : « *Koūn Fāyākoūn* », en tant qu'elle fait quelque chose de rien, requiert une puissance infinie dont l'Absolu détient le privilège.

« *Koūn Fāyākoūn* » a des conséquences créatrices de grande portée en ce qui nous concerne ici. « *Koūn Fāyākoūn* » implique que dans le premier cas, il se défini comme un pouvoir intentionnel ; dans le second, comme une causalité créatrice en l'occurrence les Malāyka.

« *Koūn Fāyākoūn* » est le principe par lequel Allah est à l'origine comme Il est la fin de toute chose. L'action créatrice « *Koūn Fāyākoūn* » est dite *libre*, parce que guidée par Allah. Il ne veut l'Univers et ce qu'il contient qu'en rapport à une finalité dont Il est Maître. C'est en ce sens qu'à la liberté créatrice de Dieu correspond la contingence de l'Univers.

La notion de « *Koūn Fāyākoūn* » demeure si opaque à l'entendement humain qu'elle se disperse dans une infinité de manifestations déterminées et limitantes de sa psyché, de son intellect. Sous ses expressions de « *Koūn Fāyākoūn* », la pensée humaine de son origine rencontre sa propre limite qui n'est autre que son incapacité à connaître tant le *principe* que le *dérivé* en tant que tel. En ce sens, toutes les spéculations sur « *Koūn Fāyākoūn* » se présentent comme une imperfection de la raison humaine en son usage transcendant !

5 - *Malāyka ne sont pas immortels*

Loin de toute controverse, de tout débat, l'Islam met en relief l'*eschatologie*[231], la finalité de l'Univers, qui se réfère à une réalité. En effet, l'essentiel de l'avenir de l'Univers touchera à sa fin lorsqu'Allah aura décidé de son sort.

« *Al-Yāwm al-Qiyāma* » signifie : « *Le Jour de la Résurrection prélude au Jugement* ». Or, comme l'atteste clairement le Coran, ces fins dernières concernent

---

[231] *Eschatologie*. Ensemble de doctrines et de croyances portant sur les fins ultimes de l'homme et de l'Univers.

l'*Homme* et le *Jinn*, les deux entités intelligentes possédant le *Nāfs* et dotées du *libre-arbitre*. Ainsi, elles seront toutes deux jugées par Allah.

« *Nous allons bientôt entreprendre votre jugement, ô vous les deux charges [homme et Jinn]* » *(Coran, 55-31)*

Quant aux Malāyka, bien qu'aucun *Jugement solennel* ne leur sera appliqué, néanmoins ils subiront l'action de la mort. Ainsi, qui reste Seul, à l'exclusion de tout autre ? Allah.

« *Et n'invoque nulle autre divinité avec Allah. Lā ilāhā illā hoūwā [Pas de divinité digne d'adoration à part Lui]. Tout doit périr, sauf Son « Visage ». À Lui appartient le Jugement ; et [c'est] vers Lui [que] vous serez ramenés.* » *(Coran, 28-88)*

Le mot « *tout* » insiste sur la valeur d'intensité afin de marquer le très haut degré dans l'absolue certitude et de désigner l'idée de totalité sans exception. Il marque également l'intégralité d'un espace et d'un volume [Univers], d'une durée [temps], d'un processus [Vie, Existence], d'un contenu [Création, créatures], de la plénitude de la réalité [actions, actes, etc.], etc.

L'*Immortalité* est la cause supérieure relative à Allah Seul, l'Unique. Elle fait partie intégrante de ses attributs. Signe distinctif qui caractérise Son immuabilité, qui définit indéfiniment Sa perpétuation.

« *Et place ta confiance en Le Vivant qui ne meurt jamais…* » *(Coran, 25-58)*

Les Malāyka, les Jinn, les Humains et en somme tout l'Univers vont disparaître. Seul Allah gardera Sa plénitude d'existence et restera Présent, donc Vivant.

Par l'énonciation de ce verset, Allah insiste sur la durée partielle de l'existence de ses créatures intelligentes connues [Malāyka, Jinn, Humains] fut-elle d'une durée importante [celle des Malāyka].

Allah donne une certaine orientation en parlant du concept du temps absolu, indéfini, non mesuré, par opposition à la dimension spatiale relative du Malāk. Les Malāyka demeurent sous l'emprise de la continuité définie du temps, du devenir. En effet, la Création, y compris les Malāyka, est sujette à l'expérience du temps subjectif, vécu par la conscience [du Malāk, du Jinn et de l'Homme], en dehors de toute conceptualisation et envisagé qualitativement, par opposition au temps objectif, mesurable, mathématique de la science.

Ces perspectives de la mortalité des Malāyka, d'une irrécusable certitude intérieure, s'enracinent directement dans la condition de ces entités elles-mêmes. En effet, Allah a établit Sa loi immuable, puis décrété la disparition de l'Univers qui s'inscrit par-delà sa notion de pérennité. De fait, l'idée de *fin du monde* est une exigence logique de la pensée eschatologique et de l'histoire humaine que confirme « *al-Yāwm al-Qiyāma* ». Aussi, la *Justice divine* qui prend ici sa forme absolue est la résultante de ce *Jugement Final* !

D - Fonctions du Malāk

Le *Malāk* occupe diverses fonctions dont les plus importantes sont, par exemples, l'adoration permanente d'Allah, le « *maintien* » de Son « *trône* » ou la requête à Allah d'absoudre les croyants soumis [*Musulmans*] en sont quelques-unes.

1 - Malāyka soumission et libre-arbitre

Les Malāyka sont incapables de désobéir à Allah et sont ainsi soumis totalement au divin. A l'instar de l'Homme ou du Jinn, les Malāyka sont dépourvus de *libre arbitre*. En effet, il n'existe aucune aptitude ou disposition de l'esprit des Malāyka à entreprendre une action ou de contenir une décision soumise à des restrictions exigées par des causes antérieures ou la nécessité.

« ... *des Malāyka rudes, durs, ne désobéissant jamais à Allah en ce qu'Il leur commande, et faisant strictement ce qu'on leur ordonne* » *(Coran, 66-6)*

La *volonté* est par définition la faculté de choix, l'aptitude de se décider librement d'un acte ou à s'en abstenir et motivé par des motifs. La volonté suppose une délibération consciente. De ce fait, l'acte volontaire s'oppose à l'acte instinctif, impulsif, réflexe ou habituel.

Le concept de « *libre-arbitre* » ou « *volonté non contrainte* » sous-tend ainsi celle de *liberté d'action* qui est appréciée dans sa relation avec la *causalité*. Les actes des Malāyka sont déterminés par des facteurs extérieurs à leur volonté, tels que leurs aptitudes physiques ou encore par leurs éléments intellectuels et psychologiques [ferveurs, dévotions, respects, etc.].

Expliquer la nature de la relation des Malāyka à l'Univers, c'est soutenir que si celui-ci est rationnel, il doit reposer sur une série de causes et d'effets qui remonte à la cause première : *Allah*. Cependant, un acte issu de la *volonté* d'un Malāk est un acte causé, qui s'inscrit dans la chaîne des causes[232].

Accepter la possibilité d'un acte non causé nie l'ordre divin et rationnel et indique une dimension irrationnelle à l'Univers. Le caractère inexplicable du *libre-arbitre* ainsi envisagé s'assimile au pouvoir qu'a la volonté de se décider indépendamment des motifs.

L'absence de la prise de décision reste une perception du Malāk à reconnaître son rôle primordial, celui de l'obéissance inconditionnelle. L'omniscience et l'omnipotence divine ordonnent toute action des Malāyka et exclut l'existence de leur libre-arbitre. L'esprit des Malāyka ne peut échapper à la loi divine qui leur exclut la possession du *libre-arbitre* et de ce fait, à leur servir à formuler des jugements moraux.

Le Malāk ne dispose pas de concept spécifique de la volonté. Il apparaît ainsi comme l'obéissance même à un pouvoir infini ou absolu, puisqu'elle signifie que l'action est possible en dehors de toute pulsion et de toute détermination externe. Le Malāk n'a donc aucune faculté

---

[232] *Cause* : ce qui fait qu'une chose est ou se fait.

à suspendre l'exécution immédiate d'une action. Cette *Loi divine*, inscrite ainsi au cœur de la nature des Malāyka, commande de manière catégorique, tel un impératif, leur imposant un devoir qui est en même temps une manifestation de leur nature véritable. La soumission est un aspect du comportement des Malāyka et également comme une faculté distincte. L'acte décisionnel se traduit, premièrement, par la fixation de l'attention sur l'objectif. Deuxièmement, par la conduite d'un certain nombre de principes d'action une fois ceux-ci arrêté. Troisièmement, l'absence d'impulsions ou d'habitudes susceptibles de dévier des objectifs, voire d'entrer en conflit avec ceux-ci. Enfin, par la résolution dans la poursuite de la mission où aucune hésitation ne subsiste.

« Et c'est devant Allah que se prosterne tout être vivant dans les cieux, et sur la terre; ainsi que les Malāyka qui ne s'enflent pas d'orgueil » (Coran, 16-49)

« Ils [Malāyka] craignent leur Seigneur au-dessus d'eux, et font ce qui leur est commandé » (Coran, 16-50)

2 - Malāyka messagers divins

« Il n'a pas été donné à un mortel qu'Allah lui parle autrement que par révélation ou de derrière un voile, ou qu'Il [lui] envoie un messager [Malāk] qui révèle, par Sa permission, ce qu'Il [Allah] veut. Il est Sublime et Sage[233] » (Coran, 42-51)

---

[233] Allah entre en contact avec la mère de Moūwça afin de lui transmettre un message. Ainsi que le précise le Coran, ce type d'information ne se donne pas directement comme un énoncé livré par un intermédiaire

Les Malāyka forment une assemblée autour d'Allah. Ils sont *Ses Messagers*[234] délégués aux humains pour les instruire, les informer ou leur donner des ordonnances. Ils jouent le rôle d'intermédiaire entre l'Homme [Guides et Envoyés humains] et Son Créateur. Le *Malāk Jībrīyl* est, par exemple, le *Messager Céleste* qui instruit Moūhammad le Messager humain de la Révélation de l'Islam. Lors de situations particulières, Allah a donné aux Malāyka l'aptitude à se matérialiser, mais exclusivement en *être humain*.

« […] *des dignitaires suprêmes [les Malāyka]…* » *(Coran, 37-8)*

« *Allah choisit des messagers parmi les Malāyka et parmi les hommes. Allah est Audient et Clairvoyant* » *(Coran, 22-75)*

« *Alors, les Malāyka l'appelèrent [Zākāriyā] pendant que, debout, il priait dans le Sanctuaire : « Voilà qu'Allah t'annonce la naissance de Yahiyā, confirmateur d'une parole d'Allah. Il sera un chef, un chaste, un prophète et du nombre des gens vertueux* » *(Coran, 3-39)*

« *[Rappelle-toi], quand les Malāyka dirent : « Ô Māryām, voilà qu'Allah t'annonce une parole de Sa part : son nom sera « al-Māçīh, Hiyça » fils de Māryām, illustre ici-bas*

[Malāk], mais derrière un « *voile* ». Cette manifestation s'inscrit comme une *trace* de l'intervention divine, ici, sous forme d'un songe.

[234] « *Quiconque est ennemi d'Allah, de Ses Malāyka, de Ses messagers, de Jībrīyl et de Mikhaïl... [Allah sera son ennemi] car Allah est l'ennemi des infidèles* » *(Coran, 2-98)*

comme dans l'au-delà, et l'un des rapprochés d'Allah » *(Coran, 3-45)*

« *Et quand Nos émissaires [Malāyka] vinrent à Loūwt, il fut chagriné pour eux, et en éprouva une grande gêne. Et il dit : « Voici un jour terrible »* » *(Coran, 11-77)*

« *Et quand Nos Malāyka apportèrent à Ibrāhiym la bonne annonce, ils dirent : « Nous allons anéantir les habitants de cette cité car ses habitants sont injustes »* » *(Coran, 29-31)*

3 - Malāk délivre Message à Moūhammad

Allah instruit le Malāk *Jībrīyl* de sa tâche, celle de transmettre à Moūhammad la Révélation : le *Coran*[235]. De plus, le Message sous forme de versets se complète par une pédagogie et par une pratique [*Calāt, Ablution*, etc.]. A l'instar de l'instruction des Malāyka *Hārout* et *Mārout*, dans ce cas, Jībrīyl transmet intégralement les passages du *Coran* qu'Allah lui a confié.

Jībrīyl est l'*Instructeur céleste* qui initie un humain, Moūhammad, d'un enseignement divin que ce dernier révèlera aux deux créatures intelligentes [*Jinn* et *Humain*]. De plus Jībrīyl veille à cette formation et vérifie qu'elle est bien assimilée, ce qui explique ces innombrables visites au Raçoūl.

---

[235] NAS E. BOUTAMMINA, « Mahomet ou Moūhammad ? », Edit. BoD, Paris [France], mars 2010.

« Durant celle-ci [la nuit d'Al-Qadr) descendent les Malāyka ainsi que le Roūh, par permission de leur Seigneur pour tout ordre[236] » (Coran, 97-4)

La locution *« faire descendre graduellement »* est la traduction littérale du verbe *« nazala »* dont dérive le terme *« tanzil »* toujours employé dans le Coran pour caractériser la *« descente »* en mode graduel [*tanzil*] d'une Révélation. En effet, la *descente* du Coran a durée vingt et un ans, temps de la mission du Raçoūl Moūhammad. La Révélation s'opère sur ordre divin par le Malāk Jībrīyl qui transmet entièrement les versets au Raçoūl.

« Dis : « Quiconque est hostile à Jībrīyl doit connaître que c'est lui qui, avec la permission d'Allah, a fait descendre graduellement sur ton cœur [Moūhammad] cette révélation qui confirme ce qui l'a précédé et qui sert aux croyants de guide et d'heureuse annonce » » (Coran, 2-97)

Etre Messager d'Allah constitue une activité spécialisée. Jībrīyl met en œuvre la politique divine en ayant pour mission de la relayer sur Terre, aux humains. Les Malāyka ont une double mission de représentation et d'information. L'établissement de rapports mutuels entre le céleste et le terrestre se fait sur la base d'une Révélation, d'un Message ou d'un Décret divin. Le Malāk Jībrīyl représente l'agent auprès d'Allah qui a pour charge de transmettre des informations. Dans la mesure où Allah délègue les Malāyka, ces derniers ont une valeur

---

[236] *« Laylat Al-Qadr »* signifie la *Nuit « Glorieuse »*. C'est à cette période qu'est descendue la Révélation du Coran.

significative. Les Malāyka sont, par ailleurs, des témoins privilégiés lors de la remise des informations qu'ils transmettent à leur destinataire et qui concourent à la définition de la politique divine. Ils participent à l'action divine en ayant pour rôle, par exemple, celui de conseiller et d'informer les Guides ou Envoyés, notamment en matière de législation, de conduite ou de moral.

Citons, par exemple, le *Malāk Jībrīyl* qui est le Messager céleste et le *Roūh* [élément relatif au *Principe Vital, à la Vie*] qui insuffle la *Vie*. Il a eu, entre autre, la charge de délivrer le Message de l'Islam au Raçoūl Moūhammad.

« *Dis : Quiconque est hostile à Jībrīyl [doit connaître] que c'est lui qui, avec la permission d'Allah, a fait descendre graduellement sur ton cœur cette révélation qui confirme ce qui l'a précédée et qui sert aux croyants de guide et d'heureuse annonce...* » *(Coran, 2-97)*

4 - Malāyka prennent apparence humaine

La *matière* n'étant pas un obstacle pour les Malāyka, ils peuvent se *matérialiser* en prenant l'*apparence humaine*. Sous cette forme, ils apparaissent à certains humains [*Guides, Messagers, Envoyés*] pour leur livrer des informations ou une directive divine. Imperceptibles par les sens humains, ils sont visibles pour les Jinn.

« *Elle [Māryām] mit entre elle et eux un voile. Nous lui envoyâmes Notre Roūh [Jībrīyl], qui se présenta à elle sous la forme d'un homme parfait* » *(Coran, 19-17)*

De toutes les entités d'Allah, la seule dotée d'une telle aptitude, celle d'*insuffler la Vie* à toute chose inanimée est le *Malāk Jībrīyl*, nommé aussi *Roūh*. Jībrīyl détient une fonction essentielle dans la *Vie* et en particulier celle relative à l'Homme. Allah a doté le *Malāk Jībrīyl* d'une faculté unique, celle d'*insuffler la Vie*, le *Principe Vital* : *Roūh*.

C'est ce même Jībrīyl qui *insuffla la Vie* à Hiyça dans le ventre de sa mère, Māryām lorsqu'il se présenta à elle sous la forme d'un homme parfait.

5 - *Malāk Jībrīyl se présente à Māryām*[237]

« *Elle mit entre elle [Māryām] et eux [sa famille] un voile [une distance]. Nous lui envoyâmes Notre Roūh [Malāk Jībrīyl], qui se présenta à elle sous la forme d'un homme parfait* » *(Coran, 19-17)*

Le *Malāk Jībrīyl*, nommé aussi *Roūh*, détient une fonction essentielle. Allah a doté le *Malāk Jībrīyl*, ou *Roūh*, d'un pouvoir, une capacité fonctionnelle unique : celle d'insuffler la *Vie*, le « *Principe Vital* » à toute chose et en particulier aux humains.

Le terrain familial et psychologique ainsi préparés, [« *Elle mit entre elle - Māryām - et eux - sa famille - un voile - une distance -….*]. Māryām reçoit la visite du *Malāk Jībrīyl* qui prit l'apparence humaine[238]. Etant donné que

---

[237] Nas E. Boutammina, « Jésus fils de Marie ou Hiyça ibn Māryām ? », Edit. BoD, Paris [France], décembre 2010.
[238] *Ibid.*

les Malāyka ne peuvent être visibles par les humains, un autre pouvoir de certains Malāyka, comme Jībrīyl, est celui de se *matérialiser*, c'est à dire de se présenter sous une forme visible.

Ainsi, Jībrīyl se montre à Māryām sous une apparence réelle [visible]. Il prend la forme d'un homme qui est sans défaut que ce soit dans son aspect physique, que dans ses manières de se comporter et de s'exprimer.

« Elle dit : « Je me réfugie contre toi auprès du Tout Miséricordieux. Si tu es pieux, [ne m'approche point] » *(Coran, 19-18)*

L'*homme* [*Malāk Jībrīyl*] était si parfait qu'il était difficile à Māryām de pouvoir lui résister. C'est ainsi, que pour faire face à son extraordinaire attirance, elle se réfugie auprès d'Allah et qu'elle le prie de ne pas l'approcher s'il a la moindre dévotion pour Dieu et s'il respecte un tant soi peu la religion.

« Il dit : « Je suis en fait un Messager de ton Seigneur pour te faire don d'un fils pur » » *(Coran, 19-19)*

Jībrīyl rassure Māryām en déclinant son identité. Ainsi tranquillisée, elle l'écoute. Il lui annonce qu'Allah lui a fait un bienfait, une immense faveur venant de Sa part. Elle sera la mère d'un enfant sain, sans défaut, exemplaire : *al-Māçīh Hiyça*.

6 - Malāyka arrivent chez Ibrahiym[239]

« *Et Nos émissaires sont, certes, venus à Ibrāhiym avec la bonne nouvelle, en disant : « Salam ! ». Il dit : « Salam ! »*, *et il ne tarda pas à apporter un veau rôti* » (Coran, 11-69)

« *Puis, lorsqu'il vit que leurs mains ne l'approchaient pas, il fut pris de suspicion à leur égard et ressentit de la peur vis-à-vis d'eux. Ils dirent : « N'aie pas peur, nous sommes envoyés au peuple de Loūwt »* » (Coran, 11-70)

« *Et informe-les au sujet des hôtes d'Ibrāhiym [Malāyka],* » (Coran, 15-51)

« *T'est-il parvenu le récit des visiteurs honorables d'Ibrāhiym [Malāyka] ?* » (Coran, 51-24)

Avec le récit de la rencontre d'Ibrāhiym avec les mystérieux visiteurs, les séquences du *Ghaïyb* [*Invisible*] prennent sens par rapport à leurs référents : le monde des *Malāyka* et des états des choses surnaturelles.

Le souci qu'à Ibrāhiym de leur référence extra-sensorielle les situe dans une approche immanente. Cette notion référentielle, très complexe, s'intègre dans certains aspects de la connaissance du *Ghaïyb*.

« *Quand ils entrèrent chez lui et dirent : « Salam [paix] ! », il [leur] dit : « Salam [paix], visiteurs inconnus »* » (Coran, 51-25)

---

[239] NAS E. BOUTAMMINA, « Abraham ou Ibrāhiym ? », Edit. BoD, Paris [France], février 2010.

*« quand ils entrèrent chez lui et dirent : « Salam [paix] ! »
- Il [Ibrāhiym] dit : « Nous avons peur de vous » » (Coran,
15-52)*

*« Et Nos Roūçoūloūnā [Nos émissaires - Malāyka -] sont
certes venus à Ibrāhiym avec la bonne nouvelle, en disant : «
Salam [paix] ! ». Il dit : « Salam [paix] ! » …» (Coran, 11-
69)*

Les Malāyka envoyés par Allah parviennent à la demeure d'Ibrāhiym qui les accueille chez lui. Ces étranges hôtes prennent contact avec lui en lui présentant leur marque de respect qui dégage la douceur, la quiétude [« … *Quand ils [Malāyka] entrèrent chez lui et dirent : « Salam [paix] ! »*.

Leur salutation est accueillie par Ibrāhiym de la façon la plus avenante mais non sans un grand trouble causé par la crainte [«… *Il [Ibrāhiym] dit : « Nous [Ibrāhiym et sa femme] avons peur de vous »*]. En effet, la présence de ces individus qui n'appartiennent à aucune famille ou relation connue d'Ibrāhiym a de quoi susciter de l'inquiétude.

7 - *Malāyka n'absorbent pas de nourriture*

Les Malāyka constituent l'un des axes et des circuits de communication entre Allah et les humains. Par ailleurs, les Malāyka ont d'autres fonctions[240] dont l'action d'influence se manifeste à travers l'Autorité d'Allah.

---

[240] *Ibidem.*

Jusqu'à leur apparition sous forme humaine, l'importance du monde des Malāyka est inconnue dans la pensée *ibrāhiymienne*. La connaissance de leur univers est complexe et la moindre de leur caractéristique demeure naturellement mystérieuse. Ibrāhiym va en faire l'expérience avec ses hôtes ô combien étranges !

« Puis il [Ibrāhiym] alla discrètement auprès de sa famille et apporta un veau gras » (Coran, 51-26)

« … et il [Ibrāhiym] ne tarda pas à apporter un veau rôti » (Coran, 11-69)

D'une manière discrète Ibrāhiym s'absente un bref instant pendant que ses invités s'installent autour d'un plateau. Il se rend auprès de sa femme et apparaît aussitôt chargé d'un rôti qu'il dépose devant ses convives.

« Ensuite il l'approcha d'eux…[Malāyka] « Ne mangez-vous pas ? » dit-il » (Coran, 51-27)

Ibrāhiym remarque que ses hôtes ne touchent pas à la pièce de viande qu'il leur approche encore plus près d'eux. Ce geste, certes encourageant, n'a pas l'air de les enthousiasmer. Ibrāhiym met de l'ardeur afin de provoquer leur appétit [«…« *Ne mangez-vous pas ? » dit-il* »].

« Puis, lorsqu'il vit que leurs mains ne l'approchaient pas, il fut pris de suspicion à leur égard et ressentit de la peur vis-à-vis d'eux. … » » (Coran, 11-70)

« *Il ressentit alors de la peur vis-à-vis d'eux. Ils dirent : « N'aie pas peur ». …* » *(Coran, 51-28)*

« *Ils dirent : « N'aie pas peur ! … » » (Coran, 15-53)*

Observation

Dans la société d'Ibrāhiym, et par extension dans bon nombre de sociétés humaines, le fait d'accueillir quelqu'un chez soi se définit par cet espace familier qu'est la prise de repas. Cette manière dans laquelle s'inscrivent toutes les conditions de l'hospitalité telles que la confiance, la sécurité, la bienveillance, etc. La prise d'un repas construit un niveau de réalité sociale, un système de relation qui s'inscrit dans la découverte de l'autre, l'invité, sur des rapports dont l'intensité les unis. Il apparaît que le refus de s'alimenter lors d'une invitation, alors même que le repas est servi est un signe de provocation, voire d'hostilité. Dans ce contexte où les hôtes d'Ibrāhiym refusent la nourriture, celui-ci les soupçonne de mauvaises intentions et, naturellement, voit dans ce comportement des réactions suscitant des sentiments agressifs à son égard. Ibrāhiym, à juste titre, est empli d'une grande crainte.

Les Malāyka sentent très vite l'appréhension d'Ibrāhiym à leur égard et n'ignorent pas la crainte qu'ils lui inspirent. Ils comprennent ce sentiment d'insécurité qui le met mal à l'aise. C'est pourquoi, ils le rassurent et petit à petit, l'inquiétude disparaît et Ibrāhiym reprend confiance [« *Ils dirent : « N'aie pas peur ! … »* »].

Les Malāyka sont des *entités noūriques*[241] dont l'existence est *hors terrestre* [*extra-terrestre*]. Ce sont des êtres à l'origine noūrique qui ne vivent pas sur la Terre et donc ne se nourrissent pas d'aliments de provenance terrestre [animal, végétal ou minéral].

8 - *Malāyka annoncent la nouvelle à Ibrāhiym*

« … *Et ils* [*Malāyka*] *lui annoncèrent* [*la naissance d'*] *un garçon plein de savoir* [*Içhāq*] » *(Coran, 51-28)*

« … *Nous* [*Malāyka*] *t'annonçons une bonne nouvelle,* [*la naissance*] *d'un garçon plein de savoir* [*Içhāq*] » » *(Coran, 15-53)*

Les Malāyka font savoir à Ibrāhiym que parallèlement à leur objectif essentiel dont ils sont mandatés, ils se présentent à lui, entre autre, afin de l'informer d'une heureuse nouvelle. En effet, il s'agit de la naissance d'un enfant [« … *un garçon plein de savoir…* »].

« *Il dit :* « *M'annoncez-vous* [*cette nouvelle*] *alors que la vieillesse m'a touchée ? Que m'annoncez-vous donc ?* » » *(Coran, 15-54)*

L'annonce d'un tel événement inattendu [*naissance d'un garçon*] provoque chez Ibrāhiym une forte surprise. L'interrogation d'Ibrāhiym est à la hauteur de cet événement surprenant qu'on lui communique [« […] « *M'annoncez-vous* [*cette nouvelle*] *alors que la vieillesse m'a touchée ?...* »].

---

[241] *Ibid.*

La venue au monde d'un enfant dépend de la capacité d'engendrer. Autour de ce moment extrêmement important Ibrāhiym s'interroge de la possibilité d'une telle entreprise de procréation. Cette idée fait l'objet, de la part d'Ibrāhiym d'une chose qui ne peut être appréhendée que de manière invraisemblable [« ... *Que m'annoncez-vous donc ?* »]. Afin d'étayer son raisonnement, Ibrāhiym évoque seulement les limites de son aptitude biologique, notamment son âge avancé [« [...] *la vieillesse m'a touchée...* »].

« - *Ils [Malāyka] dirent : « Nous t'annonçons la vérité. Ne sois donc pas de ceux qui désespèrent »* » (Coran, 15-55)

« « - *Il dit : « Et qui désespère de la miséricorde de son Seigneur, sinon les égarés ?* » » (Coran, 15-56)

Les Malāyka informent Ibrāhiym que les modalités de la naissance, ne peuvent pas seulement être envisagées que du point de vue des lois naturelles qui gouvernent les géniteurs [âge, état physiologique, conditions biologiques, etc.].

Parfois, elles ne peuvent être comprises indépendamment des conceptions divines, notamment si Allah en décide autrement. Justement, Ibrāhiym fait partie de ces gens qui n'ont pas perdu espoir en les bienfaits d'Allah. Ibrāhiym en témoigne de manière sereine [« ...« *Et qui désespère de la miséricorde de son Seigneur, sinon les égarés ?* » »]

« Alors sa femme s'avança en criant, se frappa le visage et dit : « Une vieille femme stérile... » » (Coran, 51-29)

« Sa femme était debout et elle se mit alors à rire ; Nous lui annonçâmes donc [la naissance de] Içḥāq et après Içḥāq, Yāhqoūwb » (Coran, 11-71)

« Elle dit : « Malheur à moi ! Vais-je enfanter alors que je suis veille et que mon mari que voici est un vieillard ? C'est là vraiment une chose étrange ! » » (Coran, 11-72)

La femme d'Ibrāhiym qui suivait toute la scène et n'avait pas perdu un seul mot de la conversation s'avance vers le groupe. Elle est éprise d'une vive excitation, un accès de crise, qui déborde dans son allocution [« ...*en criant...* », «... *elle se mit alors à rire...* »] et dans sa gestuelle [« ... *se frappa le visage...* »].

Elle finit par modérer l'ardeur de son attitude et revenir à une réalité. Celle de sa situation considérée comme étant marquée par l'impossibilité d'un quelconque enfantement. Elle argumente en mettant en avant les causes de son infécondité et le déficit de la reproduction biologique de son mari [Ibrāhiym]. L'argumentation de la femme d'Ibrāhiym concernant une telle conception de l'engendrement découle d'une implication très concrète et très simple de la procréation puisque, sa vie durant, elle n'a put enfanter. D'où son attitude emprunt d'un réel scepticisme à l'écoute des propos des Malāyka.

« Ils dirent : «T'étonnes-tu de l'ordre d'Allah ? Que la miséricorde d'Allah et Ses bénédictions soient sur vous, gens de cette maison ! Il [Allah] est vraiment digne de louanges et de glorification ! » » (Coran, 11-73)

« Ils dirent : « Ainsi a dit ton Seigneur. C'est Lui vraiment le Sage, l'Omniscient » » (Coran, 51-30)

La femme d'Ibrāhiym, peu convaincue par l'annonce de la naissance d'un garçon, attise la curiosité des Malāyka qui trouvent surprenant sa réaction d'où leur interrogation à son égard [« …«T'étonnes-tu de l'ordre d'Allah ? … »]. Événement majeur de la vie familiale d'Ibrāhiym, l'annonce de la venue au monde d'un garçon est l'occasion privilégiée où s'exprime la volonté d'Allah dans Ses rapports qu'Il a avec Ses créatures [« [….] « Ainsi a dit ton Seigneur [Allah]… »].

9 - La mission punitive des Malāyka

« « Et il [leur] dit : « Que voulez-vous, ā-yoūhā al-Moūrçāloūwn [ô envoyés d'Allah] ? » » (Coran, 15-57)

« Alors [Ibrāhiym] dit : « Quelle est donc votre mission, Ô envoyés ? » » (Coran, 51-31)

Les présentations et l'annonce de certaines bonnes nouvelles [naissance « d'un garçon plein de savoir »] étant faites, Ibrāhiym les interroge sur le but principal de leur présence dans la région. Les Malāyka lui révèlent qu'une mission dont la responsabilité leur a été confiée par Allah concerne la communauté de Loūwt. Les Malāyka sont envoyés pour une destination précise [« la cité de Loūwt »] et pour une mission particulière l'anéantissement de la communauté de *Loūwt* dont les crimes pernicieux et insensés ont dépassé toute mesure.

« - Ils dirent : « *En vérité, nous sommes envoyés à des gens Moūjrīmīyn* [*criminels, polythéistes, pécheurs, coupables*] [*la communauté de Loūwt*] [*pour les détruire*], » *(Coran, 15-58)*

L'âpre vérité est que la communauté de Loūwt plongée dans la décadence des mœurs et le désordre moral n'a aucune prise de conscience de ses agissements et n'a aucun moyen d'échapper au déterminisme absolu d'Allah. Ainsi, c'est le châtiment qui est réservé aux *Moūjrīmīyn* [*criminels, polythéistes, pécheurs, coupables*].

« *… voilà qu'il discuta avec Nous* [*en faveur*] *de la communauté de Loūwt* » » *(Coran, 11-74)*

« *… nous* [*Malāyka*] *sommes envoyés à la communauté de Loūwt* » » *(Coran, 11-70)*

« *Et quand Nos Malāyka apportèrent à Ibrāhiym la bonne annonce, ils dirent* : « *Nous allons anéantir les habitants de cette cité* [*la cité de Loūwt*] *car ses habitants sont Zhālimīyn* [*polythéistes et injustes*] » » *(Coran, 29-31)*

Ibrāhiym de nature magnanime intervient en faveur de la cité de *Loūwt*, non seulement parce qu'il s'inquiétait pour la sécurité de ce dernier, mais aussi parce qu'il est triste pour le sort funeste qui est réservé aux habitants. Le programme des Malāyka apparaît d'emblée sans équivoque et Ibrāhiym n'ignore pas que lorsqu'Allah les expédie en mission, en l'occurrence de force comme celle-ci, leur tâche sera réalisée d'une manière rapide et impitoyable. En effet, qui pourra résister à une telle puissance cosmique ?

« *Il dit : « Mais Loūwt s'y trouve !* » *Ils dirent : « Nous savons parfaitement qui y habite : nous le sauverons certainement, lui et sa famille, excepté sa femme qui sera parmi ceux qui périront »* » *(Coran, 29-32)*

« *Ils dirent : « Nous avons été envoyés vers des gens Moūjrīmīyn [criminels, polythéistes, pécheurs, coupables] [la communauté de Loūwt],* » *(Coran, 51-32)*

« *… voilà qu'il [Ibrāhiym] discuta avec Nous [en faveur] de la communauté de Loūwt* » » *(Coran, 11-74)*

« *Ibrāhiym était, certes, longanime, très implorant et repentant* » *(Coran, 11-75)*

La requête que leur fait Ibrāhiym n'est pas de leur ressort, les Malāyka sont des entités intelligentes, certes, mais dont leur libre-arbitre n'est pas inhérent à leur nature. Ils ne peuvent désobéir à un ordre donné par Allah qui est le Seul apte à décider ou non de la rectification de leur mission à laquelle ils ont été dépêchés.

Quoi qu'il en soit, cette option plaidée par Ibrāhiym n'avait aucune chance d'aboutir et est d'ores et déjà une notion tout simplement à rejeter.

« *Ô Ibrāhiym, renonce à cela ; car l'ordre de Ton Seigneur est déjà venu et un châtiment irrévocable va leur arriver* » » *(Coran, 11-76)*

10 - *Malāyka chez Moūwça et le Sāmiriy*[242]

« *Alors [Moūwça] dit : « Quel a été ton dessein ? Ô Sāmiriy ? » » (Coran, 20-95)*

« *Il dit : « J'ai vu ce qu'ils n'ont pas vu : j'ai donc pris une poignée de la trace du Raçoūl [Envoyé - Jībrīyl, Roūh], puis je l'ai lancée. Voilà ce que mon Nāfs [« Âme »] m'a suggéré » » (Coran, 20-96)*

Le Malāk *Jībrīyl*, nommé aussi *Roūh*, détient une fonction essentielle, octroyer la Vie, et en particulier celle de l'Homme. Allah l'a doté d'une capacité fonctionnelle unique, celle d'*insuffler la Vie*, le *Principe Vital*, aux humains [et à toute chose]. Le but de *Sāmiriy* n'est pas tant de semer le *Désordre* que d'encourager les bānī Içraiyl à croire, en leur rendant Allah incertain, contestable, ce qui est le plus blâmable. Le Sāmiriy évoque à Moūwça qu'il a conservé le sable que le Malāk Jībrīyl a foulé lors de sa visite [sous forme humaine] afin de lui fixer un rendez-vous avec Allah. Puis, lorsque le moulage de la statue s'est achevé et que celle-ci eut pris forme sous l'aspect d'un veau, naturellement, la tentation a été grande d'utiliser le sable récupéré afin de le répandre sur l'idole. A l'évidence, lorsque les grains de sable imprégnés du *Principe vital* du *Roūh* [Jībrīyl] ont touché le veau, celui-ci a commencé à mugir.

« « *Va-t-en, dit [Moūwça]. Dans la vie, tu auras à dire [à tout le monde] : « Ne me touchez pas ! [Ne m'approchez pas !]*

---

[242] NAS E. BOUTAMMINA, « Moïse ou Moūwça ? », Edit. BoD, Paris [France], janvier 2010.

» *Et il y aura pour toi un rendez-vous que tu ne pourras manquer. Regarde ta divinité que tu as adorée avec assiduité. Nous la brûlerons certes, ensuite, nous dispserserons [sa cendre] dans les flots* » *(Coran, 20-97)*

La réaction de Moūwça à l'encontre de Sāmiriy est sans équivoque. Ce dernier a été voué au malheur d'être, damné à souffrir d'une *dermatose chronique sévère*[243].

11 - *Malāyka scribes*

Allah établit l'*écriture* [au sens où on la conçoit] comme méthode de mémorisation de tout événement de l'existence d'un individu au moyen d'un système.

Ce procédé [graphisme] permet d'exprimer sans ambiguïté n'importe quel concept susceptible d'être formulé par le langage ou par le geste.

Certains Malāyka servent de scribes permanents aux humains jusqu'à leur mort pour transcrire tous leurs actes et toutes leurs paroles. Le Malāk qui se situe à droite de

---

[243] *Observation*. La peau subit des agressions externes [physiques, chimiques et bactériologiques]. Elle y répond par des réactions cutanées sévères [allergie, hypersensibilité]. Ces symptômes cutanés sont fréquemment les signes révélateurs de la maladie en cause.
Les *stigmates*[243] de la *dermatose*[243] [affection de peau] de Sāmiriy, d'après l'énoncé du verset, sont douloureux au contact et diffus [sur tout le corps]. Il est certain que le Sāmiriy est victime de *dermite* [ou *dermatite* : inflammation de la peau] ; mais en l'absence d'informations précises, l'infection dont il souffre [*dermite de contact, dermatose auto-immune*] est une maladie qui le fera souffrir toute sa vie.

chaque humain note tout ce qui a attrait à l'*Ordre*[244], tandis que celui de gauche écrit tout ce qui concerne le *Désordre*.

« ... *quand les deux recueillants, assis à droite et à gauche, recueillent* » *(Coran, 50-17)*

« *Il* [*l'Homme*] *ne prononce pas une parole sans avoir auprès de lui un observateur prêt à l'inscrire* » *(Coran, 50-18)*

« ... *Dis :* « *Allah est plus prompt à réprimer* [*ceux qui dénigrent Ses versets*] ». *Car Nos Malāyka enregistrent vos dénigrements* » *(Coran, 10-21)*

Les *Malāyka* consignent tout fait et geste de l'homme : les *scribes*. Ils occupent les fonctions de « *rédacteurs* » de tout fait et geste, discours, énoncés ; en somme toute donnée sur tout type de support [audiovisuel, écrit, etc.] de l'individu [ici l'Homme] auquel, ils y sont rattachés.

« ... *Ceux-là seront présentés à leur Seigneur et les témoins* [*les Malāyka*] *diront :* « *Voilà ceux qui ont menti contre leur Seigneur...* » » *(Coran, 11-18)*

Les Malāyka sont, ainsi, préposés aux « *écritures* », consignant en permanence le déroulement existentiel de l'Homme envisagée du point de vue de sa destination *eschatologique*.

---

[244] Islamiquement, *Ordre* signifie tout ce qui touche les prescriptions divines. Le *Désordre* c'est toute transgression ou violation des préceptes d'Allah.

Les Malāyka chargés d'enregistrés l'existence humaine seront également interrogés et devront déposés en tant que témoins devant la *Justice divine*. Naturellement, ils certifieront l'exactitude, l'authenticité des identités, des déclarations, de la rédaction du *justiciable*[245].

Témoins essentiels qui déposent sur tout fait précis, mais aussi sur le caractère et les mœurs de l'individu qu'ils connaissent assurément puisqu'ils ont assisté à tous les événements de sa vie, ses paroles, ses actes, etc.

« *Il [l'homme] ne prononce pas une parole sans avoir auprès de lui un observateur [Malāk] prêt à l'inscrire.* » *(Coran, 50-18)*

La mission des Malāyka scribes est de signifier une réalité concrète ou une vérité tangible au moyen de « *structures graphiques* » : l'*écriture*. Par l'expression « *écriture* », on entend l'opération par laquelle toute donnée, toute notion [fait, geste, parole, etc.] est recueillie et conservée au moyen de procédés appropriés de type malākien. Cet « *enregistrement* » portera témoignage « *al-Yāwm al-Qiyāma* [« *Le Jour de la Résurrection/de la Rétribution* »] ». En effet, il permet de constater, de vérifier telle ou telle affirmation de la part de l'intéressé [*Nāfs*] lors de sa comparution devant Allah. Les Malāyka sont chargés de travailler, de concourir à la composition de l'œuvre existentielle humaine qui consiste en une description biographique extrêmement détaillée et précise.

---

[245] *Justiciable*. Qui est responsable devant la justice, qui a des comptes à rendre à la justice.

12 - Malāyka gardiens-protecteurs de l'Homme

« *Il n'est pas de Nāfs qui n'ait sur elle un gardien* » *(Coran, 86-4)*

Les Malāyka font office de *gardiens*, de protecteurs des humains. Allah met en œuvre un ensemble de moyens constitués de Malāyka pour assurer la protection de Sa fragile créature : l'*Homme*. La protection de ce dernier comprend l'organisation structurée de Malāyka qui assurent une assistance permanente adaptée contre les dangers *visibles* [accidents, violences, etc.] et *invisibles* [*Jinn*].

« *Il* [*l'homme*] *a par-devant lui et derrière lui des Malāyka qui se relaient et qui veillent sur lui par ordre d'Allah...* » *(Coran, 13-11)*

« *Nous sommes vos protecteurs dans la vie présente et dans l'au-delà...* » *(Coran, 41-31)*

La protection de l'Homme ainsi que sa subsistance incombent à Allah qui préserve la vie humaine ou *Roūh*, et surtout le *Nāfs*, qu'Il rend ainsi sacrée contre toute infraction dirigée contre elle. Le *corps* est une enveloppe délicate mais ô combien vulnérable, sa protection limite le risque de destruction de l'individu. Par conséquent, les Malāyka sont chargés, d'une part, d'assurer la garde, la protection de l'intégrité physique de l'homme et, d'autre part, de sa surveillance.

« *Il* [*l'homme*] *a par-devant lui et derrière lui des Malāyka qui se relaient et qui veillent sur lui par ordre d'Allah...* » *(Coran, 13-11)*

Allah confie les humains aux Malāyka pour qu'ils les assistent et les secourent. Les Malāyka qui se relaient constamment ont pour mission de soustraire l'homme à un danger, à un risque qui pourrait lui nuire. L'ordre de la puissance divine consiste à limiter les risques encourus par l'homme et à réduire les dommages qui lui sont causés lors d'agressions, de violences, d'accidents, de catastrophes, etc.

13 - *Malāk al-Māwt [Malāk de la mort]*

« *Dis : Malāk al-Māwt [Malāk de la mort] qui est chargé de vous, vous fera mourir. Ensuite, vous serez ramenés vers Votre Seigneur.* » *(Coran, 32-11)*

La *mort* est l'arrêt complet et définitif des fonctions d'un organisme vivant, avec disparition de sa cohérence fonctionnelle et destruction progressive de ses unités tissulaires et cellulaires. Au-delà du rapport biologique ou *roūhique* de l'existence humaine, il se trouve également la notion *nāfsique*. C'est cette dernière qui retient l'attention du *Malāk al-Māwt [Malāk de la mort]* qui est chargé de saisir et d'emporter le *Nāfs* [« Âme »]. La mort, chez l'Homme est définie comme la séparation du Nāfs, du *Principe Vitale* ou *Roūh* et du corps. Ainsi, l'essence de l'humanité est indépendante de propriétés physiques. Le Nāfs et le Roūh sont des manifestations immatérielles, leur départ hors du corps n'est ni observable, ni quantifiable.

« *Ceux à qui les Malāyka ôtent la vie* [...] » *(Coran, 6-28)*

« Et Il est le Dominateur Suprême sur Ses serviteurs. Et Il envoie sur vous des gardiens. Et lorsque la mort atteint l'un de vous, Nos messagers [les Malāyka] enlèvent son Nāfs sans aucune négligence » (Coran, 6-61)

« [...] Si tu voyais les Zhālimoūn [injustes, criminels] lorsqu'ils seront dans les affres de la mort, et que les Malāyka leur tendront les mains [disant] : *« Laissez sortir vos Nāfs [...] »* (Coran, 6-93)

« Si tu voyais, lorsque les Malāyka arrachaient les Nāfs aux mécréants ! [...] » (Coran, 8-50)

« Ceux dont les Malāyka reprennent le Nāfs [...] » (Coran, 16-32)

Malāk al-Māwt [*Malāk de la mort*] est chargé de la cessation de la vie, de l'*extraction* et du déplacement du Nāfs de l'Homme [ainsi que celui du Jinn puisque celui-ci en possède un] lorsque ce dernier est à l'agonie. De la sorte, Allah fixe un terme à l'existence de chaque créature et notamment celle de l'Homme.

« Dis : « Malāk al-Māwt qui est chargé de vous, vous fera mourir. Ensuite, vous serez ramenés vers Votre Seigneur » » (Coran, 32-11)

14 - Malāk Jībrīyl

Allah a doté le *Malāk Jībrīyl* ou *Roūh* du pouvoir, celui d'insuffler la *Vie* ou *Principe Vital* ou *principe roūhique* [*Roūh*] aux humains. En outre, il est le Messager céleste d'Allah, transmetteur de la Révélation [*Islam*] à tous les Messagers humains, Guides ou Envoyés depuis Hādām.

Jībrīyl, ce Malāk *singulier* détient, en outre, une puissance indescriptible, *cosmique*, et possède une position très particulière auprès d'Allah.

« *Que lui a enseigné [Malāk Jībrīyl] à la force prodigieuse,...* » *(Coran, 53-5)*

« *Ceci* [*le Coran*] *est la parole d'un noble Messager* [*Jībrīyl*], *...* » *(Coran, 81-19)*

« *... doué d' une grande force, et ayant un rang élevé auprès du Maître du Trône,...* » *(Coran, 81-20)*

« *... obéi, là-haut, et digne de confiance* » *(Coran, 81-21)*

« *... il* [*Moūhammad*] *l'a effectivement vu* [*Jībrīyl*], *au clair horizon* » *(Coran, 81-23)*

Il est affirmé dans ce verset que Moūhammad a pris connaissance de la présence et des caractéristiques « *physiques* » de Jībrīyl ; en d'autres termes, il l'a formellement aperçu sous sa forme réelle. Il s'agit d'un évènement d'une extrême rareté. A priori, aucun humain n'a jamais entrevu Jībrīyl sous cet aspect.

15 - Malāyka « portent » le « trône »

« *Ceux* [*les Malāyka*] *qui portent le Trône et ceux qui l'entourent célèbrent les louanges de leur Seigneur, croient en Lui et implorent le pardon pour ceux qui croient:* « *Seigneur !*

Tu étends sur toute chose Ta miséricorde et Ta science. Pardonne donc à ceux qui se repentent et suivent Ton chemin et protège-les du châtiment de Jahānāmā [« Enfer »] » (Coran, 40-7)

L'action et l'attitude des Malāyka manifestent un attachement et une vénération pour Allah. Cet hommage d'adoration rendu à Dieu s'effectue également à *« porter Son Trône »*. Il ne s'agit pas ici de soutenir ou de maintenir pour l'empêcher de tomber un siège d'apparat, généralement surélevé et parfois surmonté d'un dais, sur lequel un souverain prend place dans des circonstances particulièrement solennelles.

La conception de la déité dans l'Islam est telle que l'*anthropomorphisme*[246] n'a aucune place car il n'à aucun sens. Le rapport du Malāk à l'ordre du divin ou d'une réalité supérieure, tend à se concrétiser sous la forme de systèmes de vénération et de pratiques adoratrices [par exemple, *« porter le Trône »*, *« implorer le pardon »*, etc.].

16 - *Malāyka s'adonnent à l'adoration divine*

« Ceux *qui sont auprès de ton Seigneur* [*les Malāyka*] *ne dédaignent pas de L'adorer. Ils Le glorifient et se prosternent devant Lui* » (Coran, 7-206)

« *... Ceux qui sont auprès de Lui* [*les Malāyka*] *ne se considèrent point trop grands pour L'adorer et ne s'en lassent pas* » (Coran, 21-19)

---

[246] *Anthropomorphisme.* Croyance, doctrine attribuant à la divinité une nature semblable à celle de l'homme.

Le Malāk d'un point de vue « *ontologique* » est l'essence même de la dévotion en l'*Être Suprême* : *Allah*. C'est afin de remplir cette fonction qu'ils ont été créés. Inlassablement, le zèle malākien est déployé sous la forme de l'adoration par des pratiques « *liturgiques* ».

C'est une disposition constante à forte tendance passionnelle tout à fait pure des Malāyka, en référence à leur nature particulière : « […] *qui l'entourent* [*Malāyka*] *célèbrent les louanges de leur Seigneur, croient en Lui* […] ».

17 - Malāyka guerriers célestes

« *Puis, Allah fit descendre Sa quiétude* [*Sa Sakina*] *sur Son messager et sur les croyants. Il fit descendre des troupes* [*Malāyka*] *que vous ne voyiez pas, et châtia ceux qui ont mécru. Telle est la rétribution des mécréants* » *(Coran, 9-26)*

Les Malāyka sont aussi des *guerriers célestes* et même *puissance cosmique*. Ils peuvent être rassemblés, structurés et équipés en forces quasi *militaires* de manière à pouvoir entreprendre des manœuvres *guerrières* à caractère offensif ou défensif. Un ensemble composé de Malāyka placés sous la direction divine. Les Malāyka peuvent être mis à contribution dans des missions d'assistance d'urgence, par exemple, aux Guides ou Envoyés lorsque ceux-ci sont en difficultés, notamment face aux *Jinn* [et notamment *Iblīs*].

« *… Mais, lorsque les deux groupes furent en vue l'un de l'autre, il* [*Iblīs, le Jinn*] *tourna les talons et dit* : « *Je vous désavoue. Je vois ce que vous* [*humains*] *ne voyez pas* [*les Malāyka*]*…* » *…* » *(Coran, 8-48)*

La composition des Malāyka traduit souvent l'attitude d'un châtiment ou d'une sanction. Les Malāyka peuvent également garantir l'ordre social parmi les *Jinn* et les *Humains* ou pour leur porter secours dans des situations exceptionnelles.

Certaines opérations divines, telles qu'une punition ou le rétablissement de l'ordre parmi des populations humaines ou *jinniennes*, sont assurées par ces corps d'élite, les Malāyka, qui assurent ces fonctions indispensables.

« [*Allah vous a bien donné la victoire*] *lorsque tu disais aux croyants ;* « *Ne vous suffit-il pas que votre Seigneur vous fasse descendre en aide trois milliers de Malāyka ?* » » *(Coran, 3-124)*

« *Mais oui ! Si vous êtes endurants et pieux, et qu'ils* [*les ennemis*] *vous assaillent immédiatement, votre Seigneur vous enverra en renfort cinq mille Malāyka marqués distinctement* » *(Coran, 3-125)*

« [*Et rappelez-vous*] *le moment où vous imploriez le secours de votre Seigneur et qu'Il vous exauça aussitôt :* « *Je vais vous aider d'un millier de Malāyka déferlant les uns à la suite des autres* » » *(Coran, 8-9)*

« *Et ton Seigneur révéla aux Malāyka :* « *Je suis avec vous : affermissez donc les croyants. Je vais jeter l'effroi dans les cœurs des mécréants. Frappez donc au-dessus des cous et frappez- les sur tous les bouts des doigts* » *(Coran, 8-12)*

Le déploiement de troupes de Malāyka sert à rétablir un système disciplinaire. Formation tactique, les Malāyka sont dotés d'une forte puissance formant une troupe compacte indestructible sur l'échelle de la Création. Ils évoluent sur n'importe quel terrain et harcèlent toutes positions des antagonistes. La base céleste des opérations confère aux troupes constituées de Malāyka une puissance de déferlement terrifiante. Elle s'appuie sur une formation et un déploiement tactique reposant sur des assauts sur l'ennemi. Les voies célestes pour le déplacement des Malāyka annoncent l'adoption d'une stratégie constituée par un déferlement d'attaques massives qui finalement marque leur succès absolu.

18 - *Malāyka acquièrent la connaissance d'Allah*

« *Lorsque Ton Seigneur confia aux Malāyka :* « *Je vais établir sur la terre un Khalife* [vicaire]. *Ils dirent :* « *Vas-Tu y désigner un qui y mettra le désordre et répandra le sang, quand nous sommes là à Te sanctifier et à Te glorifier ?* ». *Il dit :* « *En vérité, Je sais ce que vous ne savez pas !* » *(Coran, 2-30)*

« *Et Il apprit à Hādām tous les noms* [de toutes choses], *puis Il les présenta aux Malāyka et dit :* « *Informez-Moi des noms de ceux-là, si vous êtes véridiques !* » [dans votre prétention que vous êtes plus méritants qu'Hādām] » *(Coran, 2-31)*

«...*Ils dirent :* « *Gloire à Toi ! Nous n'avons de savoir que ce que Tu nous a appris. Certes c'est Toi l'Omniscient, le Sage* » *(Coran, 2-32)*

« Il dit : « Ô Hādām, informe-les de ces noms ; « Puis quand celui-ci les eut informés de ces noms, Allah dit : « Ne vous ai-Je pas dit que Je connais les secrets des cieux et de la terre, et que Je sais ce que vous divulguez et ce que vous cachez ? » (Coran, 2-33)

« Et lorsque Nous demandâmes aux Malāyka de se prosterner devant Hādām, ils se prosternèrent à l'exception d'Iblīs qui refusa, s'enfla d'orgueil et fut parmi les infidèles » (Coran, 2-34)

Allah informe que les Malāyka ne reçoivent que la connaissance qu'Il veut bien leur dispenser. Une autorisation particulière venant de Sa part permet à certains d'entre eux [*Hārout* et *Mārout*] d'enseigner un savoir spécial non sans danger *eschatologique* pour les initiés. Les conditions qui permettent l'acquisition ou la découverte de la connaissance définissent leurs sources, leurs contenus et leurs procédés. Les savoirs se distinguent selon leur origine [empirique ou intellectuelle], selon leur objet, qui peut être *naturel, métaphysique* ou *occulte*.

La connaissance appelle parfois à une exhortation critique, lorsqu'elle se propose de déterminer les limites ou les bornes de la connaissance possible. *Hārout* et *Mārout* incarnent cet appel de conscience.

La recherche d'un principe unificateur du réel [le *devenir, l'Existence, Dieu*], dont l'appréhension permet de libérer l'Homme à la fois des apparences et des sentiments. La quête se heurte à l'attitude qui n'a foi qu'aux aspects et au scepticisme.

La *vraie connaissance* a pour objet des êtres purement intelligibles dont les phénomènes du monde sensible ne sont que des imitations amoindries et sournoises. La possibilité est donnée à l'homme, d'accéder par une connaissance spéciale à ces êtres intelligibles et objets du monde idéal. La connaissance est donc un retour *nãfsique* vers une contemplation originelle antérieure à l'exil dans le monde matériel.

Certains humains soutiennent qu'une véritable connaissance s'élabore toujours sur la base de l'expérience et de l'imperceptibilité grâce aux capacités de certains esprits de nature non-humaine.

L'instrument de cette science peut s'accomplir en une connaissance véritablement déductive qui procède des causes aux effets et accède finalement à une intelligibilité extra-empirique, comme celle qui régit la sorcellerie ou la magie. La méthodologie de cet art et l'idée que toute connaissance vient originellement de l'expérience irrigue la pensée de ceux qui la recherchent. Non sans susciter, des interrogations pour lesquelles il n'y a de connaissance que ce qu'Allah autorise. La quête particulière de l'essence abstraite de l'Univers est une fiction de l'esprit sans réponse dans les choses.

« Quand ton Seigneur dit aux Malãyka : « Je vais créer d'argile un être humain » » (Coran, 38-71)

« Quand Je l'aurai bien formé et lui aurai insufflé de Mon « Roũhi », jetez-vous devant lui, prosternés » (Coran, 38-72)

« *Alors tous les Malāyka se prosternèrent* » *(Coran, 38-73)*

Allah lègue à l'Homme [Hādām] la *Science* qui le place de la sorte au-dessus des Malāyka. Allah assigne les *Malāyka* et les *Jinn* à se prosterner devant Sa création [Hādām].

19 - Malāyka et le Sīhr

La littérature et la culture populaire définissent le terme « *Sīhr* » par « *magie* », « *sorcellerie* ». En réalité, il s'agit d'un « *protocole humano-jinnien* » ésotérique qui est réservé aux seuls initiés [*Shayātīn*].

Une autorisation exceptionnelle dispensant d'agir selon les règles divines prescrites, accordées par Allah qui les a édictées et qui permet à des Malāyka [*Hārout* et *Mārout*] soit de faire ce qui est « *défendu* » soit de ne pas faire ce qui est prescrit.

Le *Sīhr* est un ensemble d'instructions précises et détaillées mentionnant toutes les opérations à effectuer dans un certain ordre ainsi que les principes fondamentaux à respecter pour exécuter une opération « *jinnienne* », à réaliser un contact ou entrer en communication avec les *Jinn shayātīn*.

Le Sīhr est donc cet ensemble complexe de règles enseignées par les Malāyka *Hārout* et *Mārout* qui permettent à un utilisateur [*Humain*], un initié de se « *connecter* » sur une ou à diverses parties du réseau du *Ghaïyb* [Univers de l'*Invisible*] afin de communiquer entre elles.

Le *Sīhr* est une *procédure jinnienne*, une manière de procéder « *officiellement* », c'est à dire de type « *contractuel* », au sens d'un accord de volonté entre le *Jinn contacté* et l'*Humain contactant* et faisant naître des obligations entre eux. Par conséquent, le Sīhr est un ensemble de règles suivant lesquelles doivent se dérouler « *juridiquement* » [au sens et du point de vue du *Droit divin*] les *actions humano-jinniennes* ; une série de formalités, de démarches à accomplir ou étapes « *officielles* », c'est à dire à respecter pour aboutir à un résultat *sīhrien*.

Le respect scrupuleux de cet ensemble de règles, de formes et d'usages sīhriens dans les cérémonies initiatiques est capital pour l'obtention d'un résultat humano-jinno shaytānien !

Les *Maîtres shayātīn* initiateurs représentent l'occasion d'une profonde restructuration de la connaissance, à la fois dans ses contenus et dans sa forme. Ce changement de registre dans l'intelligibilité implique que l'art du *Sīhr* comprend le mécanisme des choses qui peut à son tour devenir actif et contrôler les processus naturels pour les faire servir aux fins de l'initié.

Le *Sīhr* s'accomplit dans l'idéal d'une recherche expérimentale : l'exploration des phénomènes cachés et le déchiffrement du livre de la nature.

L'explication des phénomènes ne peut satisfaire une connaissance pour laquelle l'existence de lois nécessaires est injustifiable.

Les initiés shayātīn, afin d'échapper aux illusions métaphysiques sur lesquelles se sont édifiées, selon eux, les connaissances humaines, soulignent le conditionnement de l'esprit humain. Les *Sīhristes*, ceux qui initient et les initiés de ce qu'on peut appeler « *sorcellerie* » ou « *magie* », s'inscrivent dans cette tradition critique. Ils avouent qu'il existe dans l'attitude cognitive occulte une manière d'être propre ou authentique à l'égard du monde ; d'être directement en rapport avec l'objet convoité. Ainsi, cela permet d'accéder aux relations constitutives et essentielles des choses mêmes.

Démarche radicale, elle entend réduire tous les problèmes de la connaissance à ceux de la méthodologie des arts du *Sīhr*, en refusant explicitement le recours à des énoncés théologiques et en s'opposant à eux. Cette attitude alimente divers courants de pensée occulte, au nombre desquels on peut compter, par exemple, les croyances antiques d'Egypte, de Babylone, les doctrines gnostiques, la Kabbale, etc.

Allah assure que l'usage du *Sīhr* et de l'enseignement révélé à *Hārout* et *Mārout* conduit irrévocablement à la perte *nāfsique* de celui qui le pratique ou qui l'enseigne. En effet, Allah proscrit l'approche même de ce savoir occulte et pernicieux. Quoi qu'il en soit, le *Sīhr* n'est qu'une tentation et ne s'enclenche qu'avec Son approbation.

« [...] *ils* [*les Shayātīn*] *enseignent aux gens le Sīhr* [*sorcellerie ou magie*] *ainsi que ce qui est descendu aux deux Malāyka Hārout et Mārout, à Babila* [*Babylone*] *; mais ceux-ci n'enseignaient rien à personne, qu' ils n'aient dit* *d'abord :* « *Nous ne sommes rien qu'une tentation : ne sois pas mécréant* »… *Or, ils ne sont capables de nuire à personne qu'avec la permission d'Allah. Et les gens apprennent ce qui leur nuit et ne leur est pas profitable. Et ils savent, très certainement, que celui qui acquiert* [*cet art*] *n'aura aucune part dans l'au-delà. Certes, quelle détestable marchandise pour laquelle ils ont vendu leurs Nāfs ! Si seulement ils savaient* » *(Coran, 2-102)*

Les Malāyka ne reçoivent que le savoir qu'Allah veut bien leur octroyer. Ainsi, certains d'entre eux peuvent enseigner un savoir spécial, le *Sīhr*, non sans danger *eschatologique* pour les initiés. Les humains qui désirent être initiés au Sīhr le font, en toute connaissance et à leurs risques et périls. Pouvoir de choisir ou de ne pas choisir ce type de savoir initiatique, de choisir entre l'*Ordre* et le *Désordre* sans aucune contrainte. Voilà la contrepartie à accorder pour l'acquérir !

L'homme est crée *libre*, il a en lui une puissance d'agir et de déterminer, d'effectuer un ensemble d'actes, d'agissements, opposés à ceux des sensations et des passions. Par conséquent, le *fatalisme*[247] des sensations est incompatible avec la croyance au *libre-arbitre*. De par sa nature, la volonté humaine est le siège du *libre-arbitre* qui engage les actes, et qui prescrit la *responsabilité*. Ainsi, puissance d'agir et de déterminer, attribut essentiel de toute nature intelligente, le libre-arbitre requiert

---

[247] *Fatalisme.* Doctrine suivant laquelle le cours des événements échappe à l'intelligence et à la volonté humaine, de sorte que la destinée de chacun de nous serait fixée à l'avance par une puissance unique et surnaturelle.

l'indépendance de la volonté. Dès lors, certains humains shayātīn décident, en connaissance de cause, de vouloir quand même acquérir ce savoir particulier, le *Sīhr*, auprès de Malāyka particuliers.

20 - Malāyka gardiens du Janna [« Paradis »] et de Jahānāmā [« Enfer »]

« *Nous n'avons assigné comme gardiens du Nār [Feu - Enfer] que des Malāyka. Cependant, Nous n'en avons fixé le nombre que pour éprouver les mécréants, et aussi pour que ceux à qui le Livre a été apporté soient convaincus [...]* » (Coran, 74-31)

Les Malāyka sont les gardiens du *Janna* et de *Jahānāmā*. Ils sont également chargés de diriger les Humains et les Jinn au *Jugement Ultime* et à certains de leurs supplices.

« *Ô vous qui avez cru ! Préservez vos personnes et vos familles, d'un Nār dont le combustible sera les humains et les pierres, surveillé par des Malāyka rudes, durs, ne désobéissant jamais à Allah en ce qu'Il leur commande, et faisant strictement ce qu'on leur ordonne* » (Coran, 66-6)

« *Le jour où le Roūh [Jībrīyl] et les Malāyka se dresseront en rangs, nul ne saura parler, sauf celui à qui le Tout Miséricordieux aura accordé la permission, et qui dira la vérité* » (Coran, 78-30)

Après le *Jugement ultime*, le *Janna* [« *Paradis* »] est un lieu de séjour suprême de délices gardés par des Malāyka et promis aux *Nāfs sauvés* [*musulmans*[248]] en récompense de leurs mérites, et où ils jouiront de la félicité éternelle.

De même, le *Jahānāmā* [« *Enfer* »], lieu où les *Nāfs damnés* subissent le châtiment du *Nār* [« *Feu - Enfer* »] éternel sera garanti par des Malāyka qui assurent la garde et qui sont chargés de surveiller outre le bon déroulement des sentences de leur damnation, leur application rigoureuse.

---

[248] L'expression *musulmane* signifiant « *personne ayant foi en les directives divines rapportées par un Messager divin [Raçoūl]* inclut tous les individus fidèles aux enseignements divins préconisés par ledit Envoyé qui leur a été envoyé. Chaque Raçoūl abroge la Révélation divine précédente. Ainsi, les gens ayant suivi Ibrāhiym sont musulmans jusqu'à l'arrivé de Moūwça ; toute personne qui continue à suivre la Loi d'Ibrāhiym, alors même que la Révélation de Moūwça lui est parvenue ne peut se prévaloir d'être *musulman*. Il en va de même pour Hiyça ibn Māryām : ceux qui ont été assidus à ses préceptes sont musulmans mais non ceux qui persistent à suivre les enseignements d'Ibrāhiym et de Moūwça. Enfin, le dernier Raçoūl, Moūhammad et tous ceux qui ont observés [et qui observent] l'Islam sont musulmans mais ceux qui continuent à s'attacher aux préceptes d'Ibrāhiym, de Moūwça ou de Hiyça ibn Māryām ne sont pas musulmans. Allah est très clair sur cette notion de « *musulman* ».
« *Certes, Nous t'avons envoyé [Ô Moūhammad] avec la vérité [Coran], comme annonciateur [pour ceux qui croient et suivent ce que tu as apporté de ton Seigneur : ils entreront au Jannā] et comme avertisseur [pour ceux qui ne croient pas à ce que tu as apporté de ton Seigneur : ils entreront en Jahānāmā] ; et on ne te demande pas compte des gens de Jahānāmā* » (*Coran, 2-119*)
Etant donné que le Coran est le dernier Message divine par conséquent, l'Islam est la seule croyance à être acceptée : « *Et quiconque désire une religion autre que l'Islam ne sera point agréé et il sera, dans l'au-delà, parmi les perdants* » (*Coran, 3-85*)

D'une part, les Malāyka ont pour fonction de garder les damnés ou les *jahānāmāïens* déclarés coupables lors du *Jugement divin*.

D'autre part, en tant qu'agents de surveillance chargés de la discipline des *jahānāmāïens* ; ils sont préposés aussi à l'application des tourments qu'ils doivent faire subir dont le genre et la nature varient suivant les *jahānāmāïens*. Ce qui fait honneur à leur réputation est l'obéissance aveugle aux prescriptions et aux règlements divins qui demeure sans faille de la part des Malāyka.

« […] *surveillé par des Malāyka rudes, durs, ne désobéissant jamais à Allah en ce qu'Il leur commande, et faisant strictement ce qu'on leur ordonne* […] » *(Coran, 66-6)*

IV - Interprétation intellectuelle du Malāk

A - *Concevoir le Malāk*

La formation du mot « *Malāk* » s'explique difficilement, mais le sens est tout à fait clair signifiant : élevé dans les cieux, et par suite, au sens physique comme au sens moral, culminant, supérieur, magistral.

Comme catégorie rhétorique ou critique, le sens de « *Malāk* » paraît s'être fixé au cours de la Révélation de l'Islam. Ainsi, le seul document concernant le Malāk est le texte fondateur : le *Coran*. Ce texte joue un rôle singulier dans le mouvement de pensée aboutissant à la conception *malākienne*. Dès lors, comme l'atteste maints exemples, le concept de Malāk tend à devenir en matière de croyance un concept dominant. Mais, par là, il faut bien le reconnaître, le Malāk sanctionne un motif religieux majeur. Il entérine, dans la Révélation divine l'aboutissement d'un contact avec l'Humanité. Le Malāk désigne la vertu de l'obéissance et les élans du sentiment de soumission à l'Être suprême : *Allah*.

Le Malāk ne cesse d'être un concept vivant synonyme de sûreté infaillible. Le Malāk est une connaissance qui naît au spectacle grandiose de la transcendance et l'immanence divine. Le Malāk est un superlatif pour distinguer l'inexplicable ou tout au moins l'*Invisible* [*Ghaïyb*].

Et l'on pourrait montrer que toute la théorie du jugement, de la sensibilité, s'est construite sur ces attendus malākiens. S'agissant du Malāk, toutefois, cela resterait insuffisant. Car ce qu'il s'agit de comprendre, ce n'est pas du tout qu'il y ait eu une désignation du Malāk, mais c'est plutôt le Malāk, et la question de son rapport avec Dieu. Voilà, l'enjeu d'une interrogation proprement intellectuelle, où, au-delà d'une éventuelle science de la sensibilité [Savoir], c'est le statut même de l'intelligibilité en sa vérité et le problème de la finalité qui est en cause. Ce qu'atteste l'intérêt élémentaire à l'égard du Malāk.

L'idée du Malāk n'est assurément pas simple. Il faut savoir que par *Malāk* on n'entend pas ce que la culture populaire appelle le « *folklore malāk* », mais cet extraordinaire et ce merveilleux, qui frappe dans le discours et qui fait que le Malāk enlève, ravit, transporte aux confins de l'intelligible. D'où, au reste, la difficulté qu'il y a à caractériser le Malāk et la sorte d'intérêt qu'il provoque. D'où également l'insistance mise sur la distinction entre le Malāk étudié à la lumière de la Science et qui se définit d'ailleurs essentiellement par la pertinence, et la chose Malāk saisie à l'ombre de la Tradition, des us et coutumes, à travers la conscience populaire.

Le Malāk a à voir avec la vérité divine, il est l'expression ou l'image la plus digne de cette vérité. En d'autres termes, pour ces raisons conjointes, on perçoit tout au long du *savoir malākien*, même si c'est le plus souvent de façon incompréhensible, que l'Homme s'est en réalité interrogé sur son essence et que le Malāk est le mot qui porte cette interrogation.

Il y a là un paradoxe, mais celui-ci est le paradoxe même du Malāk. Et, par extension, de la Création. Il est vrai qu'à l'étudier superficiellement le Malāk paraît simplement énoncer qu'il ne s'abandonne pas au hasard.

1 - Malāk et supraphysique

Tel est, semble-t-il, le fond de la problématique du Malāk. Et tel est ce qui la définit comme une problématique nettement supraphysique [qui va au-delà du concept de la physique], en somme constamment affrontée à ce paradoxe matriciel qui est peut-être le paradoxe même de l'ontologie : à propos du Malāk, c'est la croyance qui demande à la Science de la seconder, de la faire être afin qu'elle se révèle !

S'agissant du Malāk, la description empirique s'attache par prédilection aux phénomènes qui révèlent leur « *nature* » dans toute leur puissance, de production ou de destruction [insufflation du Principe Vital -Roūh-, éléments déchaînés -tempêtes, tremblement de[249] terre, etc.]. Mais c'est bien entendu l'idée de la puissance qui fait le Malāk.

C'est bien d'ailleurs ce qui explique le Malāk que ce soit sa nature en son essence qui s'y révèle, comme force ou puissance créatrice. Le Malāk n'est en effet l'élevé, le

---

[249] « *et Nous fîmes pleuvoir sur eux [peuple de Loūwt] une pluie [de pierres]. Et quelle pluie fatale pour ceux qui sont avertis !* » (*Coran, 26-173*)

terrifiant, le grandiose, etc., qu'à être d'abord le prodigieux, le fabuleux. C'est pourquoi il faut apprendre à en reconnaître le concept sous des mots très divers : parce que le Malāk se qualifie. Ce sont ces mots au sens de l'insolite, du non-familier, de surnaturel qui retiennent la signification du Malāk et lui restituent toute sa force en le faisant communiquer avec celle de l'Univers, du cosmique. Le merveilleux, l'étonnant, mais également et surtout le terrifiant, au sens de ce qui pourrait se manifester, se montrer mais qui reste secret, voilé « *invisible* ».

Par l'expression « *supraphysique* », il faut entendre ce terme en son sens le plus strict : « *ce qui outrepasse [supra] la simple physique* ». C'est ce que pourrait se traduire par le *suprasensible*. C'est essentiellement Dieu, le monde en totalité et le Nāfs. De là vient que certains des exemples coraniques du Malāk aient trait au divin ou à la déité elle-même ou à la Création voire à l'intuition du monde, jusque dans son infinité [l'infinis n'est pas le propre du Malāk]. Mais de là vient également que le Malāk apparaisse par privilège dans la supériorité et la domination de l'élément universel sur les affects ou les impulsions physiques : Malāk est en général la maîtrise des impulsions divines ou l'élévation du Nāfs au sens de l'atteinte de la noblesse, la grandeur de l'Absolu.

« [...] *des dignitaires suprêmes* [*les Malāyka*]... » *(Coran, 37-8)*

Ainsi le Malāk se construit sur l'exemple du concept de « *dignité* » d'où son appellation de « *dignitaire* » élevé qui spécifie aux yeux d'Allah le Malāk dans l'ordre de la Création. Le Malāk, ici, naît du contraste entre la prétention de l'être humain et la vanité jinnienne.

2 - Problématique de la conception malākienne

Mais si le Malāk peut se définir comme la conception du supraphysique, on ne peut manquer de discerner un sérieux obstacle. Toute conception étant par définition sensible, donc physique, comment du non-sensible ou du suprasensible, c'est à dire du supraphysique peut-il être conceptualiser ?

La notion la moins rationnelle du Malāk ne s'embarrasse guère de cette difficulté : elle renvoie tout à une considération du Nāfs. Cette difficulté est de dévoiler que le statut de la conception intellectuelle, dans le cas du Malāk, est paradoxal : la conception ne conceptualise rien. Il y a bien une conception, c'est-à-dire un témoignage sensible [coranique]. Mais ce témoignage ne peut faire mieux que d'indiquer indirectement, restrictivement ou étroitement, ce qui, en réalité absolu, peut difficilement se concevoir.

Le Malāk est non seulement un signe de Dieu, mais il en est également Sa *manifestation*. De même, dans Ses sentences rapportées par le Coran Allah n'énonce que ce qu'Il veut bien vouloir, sinon tout est indévoilable. La difficulté n'en est pas surmontée pour autant. Dire que le Malāk est en somme la conception positive d'une notion imprésentable car *ghaïybienne* [*Invisible*] revient toujours de fait à constituer cet inconcevable en un concevable en puissance qui, tout simplement, n'attend qu'une conception à sa mesure.

L'originalité de la notion de Malāk tient à la façon dont sont considéré l'idée de Dieu et celui de ses rapports avec l'Homme. Il apparaît, plus fondamentalement encore, dans l'importance donnée à la dimension intérieure, au souci de se rapprocher du divin, hors du temps et de l'espace. Rien de plus opposé à l'*Humanité* que la *Malākité* laquelle est appelée à tenir le rôle que lui assigne sa vocation singulière : *servir et honorer Dieu.*

Toutefois, c'est moins à un système déterminé du rôle du Malāk qu'il convient de se référer qu'à une attitude d'esprit dont les éléments sont bien antérieurs à l'avènement de l'Humanité [et de la *Jinnité*].

L'opposition entre l'Homme est, sinon constamment exprimée, du moins toujours présente dans le concept du Malāk. Tous relèvent de la grâce créatrice. Mais le Malāk oriente sa destinée exclusivement vers la déification parfaite vers lequel converge tout le créé.

La réflexion sur le Malāk s'étend au moins jusqu'à sa formulation particulière qui est une référence à sa création éminente dans la mesure où il est enraciné en Dieu. Ainsi, malgré la transcendance du Malāk, la réflexion sur cette entité est à l'aurore de la certitude, à la fois cognition et ontologie, c'est-à-dire authentiquement spirituelle et entendement se fondant sur la seule réflexion, sur l'intelligibilité du rationnel et sur l'indépendance de la raison.

3 - *Malāk et inhérence*

L'idée selon laquelle le Malāk est puissance et activité repose sur un fondement réel, la Création dans toute sa multiplicité et sa complexité. Les deux sens principaux du mot *Malāk*, rapportés soit au fondement de *ghaīybien* [univers de l'*Invisible*] ou *nāfsiens*, soit au monde sensible, celui du fondement des réalités intelligibles révèlent un réalisme qui se veut en même temps logique et bien pensant, c'est-à-dire rationnel ou positif.

Le Malāk est l'expression de la transcendance et de l'immanence de Dieu. En effet, il est intelligible, irréductible et dynamique. Cette réalité totale à laquelle parvient l'esprit est comprise comme mouvement de la connaissance, c'est-à-dire comme devenir de l'absolu et comme avènement immanent du Malāk.

Conclusion

D'après ce qui a été étudié dans cet ouvrage, il est inutile d'établir un parallèle sur ces *entités malākiennes* selon les concepts judéo-chrétiens qui les conçoivent dans un système, l'*angélologie,* et qui les expliquent de manière déconsidérée, extravagante, fantastique.

En effet, l'*angéologie* reste une opération intellectuelle invraisemblable par laquelle l'esprit judéo-chrétien, en fabriquant et en organisant ses données angéliques, conçoit leur représentation extérieure, leur nature et prend connaissance de leur fonction.

Quand l'Homme daigne méditer sur la Création des Cieux et de la Terre, sa curiosité le pousse naturellement à s'interroger sur les entités qu'Allah a créé et notamment sur les *Malāyka*. Certes, Allah a donné peu d'informations sur eux mais néanmoins, celles qui se rencontrent [Coran] permettent de s'en faire une idée qui dépasse l'entendement humain. En effet, ces entités sont un défi aux lois de la physique, telles que nous connaissons [classique et quantique].

Allah établit que les Malāyka ont une origine *noūrique*.

Il est difficile d'expliquer une réalité qu'on serait incapable de désigner mais pour laquelle on ne disposerait que des énoncés coraniques. Dès lors, quand le Malāk est décrit, nul choix ne se fait dans l'objet de sa description.

Index alphabétique

A

Absolu, 97
Action mécanique progressive, 73
Agonie, 126
Ailes, 66
Allah, 72, 102, 115
Allah a établit Sa loi immuable, 100
Al-Yāwm al-Qiyāma [, 123
Âme, 27
Amulettes, 18
Ancien Testament, 33
Ange déchu, 45
Ange exterminateur, 57
Angéliques, 17
angélologie, 31
Anges, 31, 63, 17, 41, 44, 49, 50
Anges au service de Jésus, 48
Anges chute des, 39
Anges origine des, 36
Animisme, 27
Anthropologues, 19
Antiquité, 17
Apocalypse, 56
Appareil olfactif humain, 91
Apparence humaine, 107
Archange Michel, 43
Archanges, 43
Ascension, 49
Astrologie, 18, 52
Augure, 52

B

Babylone, 136
Bélial, 34
Belzebuth, 34
Bible, 53
Bonne aventure, 52

C

Canal ou trajet, 75
Cétacés, 87
Chamans, 26
Champ électromagnétique, 68
Charge, 79
Chérubins, 42
Christianisme, 20, 35

Clergé, 18, 26
Communication, 86
Connaissance, 73
Constante de Planck, 69
Coran, 105, 143
Corps, 124
Corps incandescent ou luminescent, 71
Corpusculaire malākite, 80
Cosmographique, 22

D

Demi-dieux, 18
Démiurge, 33
Démonologie, 52, 61
Démons, 27, 44, 61
Dermatose auto-immune, 121
Dermatose chronique sévère, 121
Dermite de contact, 121
Désobéir, 101
Désordre, 33, 62, 122
Déterminisme absolu d'Allah, 118
Diable, 46
Dialectique, 17
Dieu, 31, 33
Dieux-humains, 18
Divination, 22
Doctrines gnostiques, 136
Dragon, 52

E

Echolocation, 87
Ecritures, 122
Ecritures bibliques, 33
Egypte, 136
Emissions noūriques, 70
Energie lumineuse, 79
Energie noūrique, 69, 80
Enfanter, 116
Enregistrement, 123
Entités intelligentes, 74, 119
Entités noūriques, 114
Envoûtements, 19
Eschatologie, 27, 98
Esprit de Vérité, 32
Esprit du Mal, 32
Esprits, 17, 31, 34
Esprits de la nature, 27
Esprits impurs, 45
Etoiles, 34
Etres vivants, 43
Evhémérisme, 21

F

Fantastiques, 21
Femme d'Ibrāhiym, 116, 117
Fétiches, 18
Fikr notions, 74
Fils de Dieu, 32, 37
Folklore malāk, 144
Forces invisibles, 18

G

Ghaïyb [Invisible], 72, 110, 134
Ghaïybien, 73
Guides, 107

H

Hārout et Mārout, 132, 134, 136
hHasard, 19
Homme, 17, 62
Homme crée libre, 137
Horoscopes, 26
Humanité, 148
Hydromancie, 52

I

Ibrāhiym, 110
Idoles, 52
Ignorance, 18
Immanent, 149
Immortels, 35
Imperceptibilité, 133
Infrarouge, 89
Infrason, 86
Initiés shayātīn, 136
Intelligible, 144, 149
Interrogation d'Ibrāhiym, 114
Invisibilité des Malāyka, 92
Invisible, 25, 82, 92
Invisible [Ghaïyb], 94
Invisible [Ghaïyb]., 144
Invisibles, 36
Irrationnelle, 18, 21
Islam, 17, 21
Israël, 53

J

Jahānāmāïens, 140
Jéhovah, 33
Jésus [Christ], 55
Jībrīyl est l'Instructeur céleste, 105
Jibriyl rassure Māryām, 109
Jinn, 62, 64, 78, 99, 100
Jinn shayātīn, 134
Jinnité, 148
Judaïsme, 20, 33
Jugement divin, 140
Juifs, 31
Justiciable, 123

K

Kabbale, 23, 136
Koūn Fāyākoūn action créatrice,, 96

L

Liberté d'action, 101
Libre-arbitre, 63, 101
Loi divine, 103

Loūwt, 117
Lucifer [, 33
Lumière, 66, 90
Lumière [solaire], 93
Lumière rouge, 68
Lumière visible, 84, 89
Lumières naturelles, 93

M

Magie, 18, 19
Maîtres shayātīn, 135
Mal origine du, 38
Malāk [plur. Malāyka], 62
Malāk al-Māwt [Malāk de la mort], 125
Malāk concevoir le, 143
Malak Jibriyl, 108, 109, 120
Malāk Jībrīyl, 107, 126
Malāk notions, 63
Malākité, 148
Malāyka, 100, 110
Malāyka pas de masse, 76
Malāyka constitution, 66
Malāyka envoyés par Allah, 111
Malāyka gardiens de Jahānāmā, 138
Malāyka gardiens du Janna, 138
Malāyka gardiens-protecteurs, 124
Malāyka guerriers célestes, 129
Malāyka informent Ibrāhiym, 115
Malāyka scribes, 121
Malāyka sont invisibles, 81
Māryām, 107
Masse, 76
Masse et poids, 76
Matérialiser, 107
Matière, 33, 107
Mauvais anges, 40
Mauvais esprits, 18
Médium, 53
Mère de Moūwça, 103
Métaphysique, 18, 132
Micro-ondes, 86
Microorganismes, 82, 83
Microscope électronique, 82
Microscope électronique analytique, 82
Microscope optique ou photonique, 82
Microscopie électronique à très haute résolution, 82
Mission des Malāyka, 117
Modulations, 85
Molécules olfactives, 90
Molécules chimiques, 90
Monarques, 18
Monde des Malāyka, 112
Mort, 26
Moūhammad, 105
Mouvement malākien, 75
Moyen-Âge, 17

Mysticisme, 23
Mythe eschatologique, 22
Mythes, 21
Mythico-superstitieuse, 21
Mythologie, 18

N

Nāfs, 64, 99124, 125
Nāfs sauvés, 139
Naissance d'un enfant, 114
Nanomètre, 68
Nature, 22
Nécromancie, 53
Non-initiés, 19
Noūr, 66, 114
Nouveau Testament, 52
Noyau des atomes, 90

O

Occultisme, 22
Œil, 85
Œil humain, 93
Offrandes, 25
Oiseau, 67
Olfaction, 82, 91
Ondes, 68
Ondes électromagnétiques, 88
Ondes gravitationnelles, 69
Ondes invisibles de faible énergie, 89
Ondes radio, 85
Optique physique, 71

Ordre, 122
Ordre divin, 33
Oreille humaine, 87
Organismes minuscules, 83
Ouïe, 81

P

Panpsychisme, 27
Parsec, 74
Particule, 68, 71
Particules noūriques, 80
Perception extrasensorielle, 26
Perte nāfsique, 136
Photométrie, 93
Photons, 68
Photosynthèse, 93
Physique, 81
Poids, 77
Possession, 26
Principe Vital, 108, 120
Programme des Malāyka, 118
Psyché, 98
Psychologiques, 102
Puissance, 131
Puissance cosmique, 129

Q

Quanta, 68, 70
Quanta de lumière, 71
Quantique, 69

R

Radiations infrarouges., 68
Radiations lumineuses, 71
Rayonnements corpusculaires, 79
Rayonnements invisibles, 84
Rayonnements ondulatoires, 79
Rayons gamma, 90
Rayons X, 88, 89
Réactions photochimiques, 89
Réflexion optique, 69
Résonnance, 86
Révélation [Islam], 127
Roūh, 108, 120, 124
Roūh [Jībrīyl], 72, 108, 120
Roūh [relatif au Principe Vital], à la Vie], 65

S

Sacrifices, 25
Sainteté, 38
Sāmiriy, 120
Satan, 34, 46, 53
Satan [ange déchu], 38
Sens, 81
Séraphins, 41
Servitude, 18
Shaytān, 61
Shaytān [plur. Shayātīn], 33
Sihr, 134, 135
Société civile, 18
Soleil, 90
Son, 85
Songe, 104
Sonomètre, 87
Sorcellerie, 19, 20
Souffle vital, 27
Spectre électromagnétique, 85, 89
Spectre optique, 84
Spiritisme, 20
Stigmates, 121
Superstitions, 18
Supraphysique, 146
Suprasensible, 146
Surnaturelle, 17
Synagogues, 47

T

Taqalan de Taqail [charge], 77
Tartare, 44
Témoins essentiels, 123
Température, 86
Théorie corpusculaire de la lumière, 70
Théorie des, 70
Théorie électromagnétique de la lumière, 71
Théorie ondulatoire de la lumière, 71

Thermonucléaire, 70
Tradition, 20
Travail, 81
Trône, 127

U

Ultrasons [US], 87
Ultraviolet, 90
Ultraviolet [UV], 85
Univers de l'Invisible, 81

V

Vitesse de la lumière, 66

Vitesse de la lumière, 71
Vitesse Fikr, 74
Vitesse malākienne, 72
Volonté, 101
Vraie connaissance, 133
Vue, 81

Y

Yāwm al-Qiyāma, 98

Z

Zākāriyā, 104

Table des Matières

Introduction

I - Le monde de l'Invisible de l'Antiquité au Moyen-Âge
  A - Dialectique ou glose surnaturelle 17
  B - Magie, sortilège, maléfice, ensorcellement 19
    1 - La sorcellerie 20
  C - L'interprétation de l'invisible 25

II - Conception de l'*Ange* dans le Judaïsme et le Christianisme
  A - Angéologie 31
    1 - Ange - Définition 31
    2 - Conception de l'Ange dans le Judaïsme 31
      a - Démiurge 33
      b - Lucifer - Satan 33
    3 - Conception de l'Ange dans le Christianisme 34
      a - Caractérisation des Anges 34
      b - Origine des Anges 35
      c - La constitution des Anges 36
      d - La « chute » des Anges 38
        · Causes de la chute des anges 39
        · Conséquences de la chute des Anges 39
      e - Classification et hiérarchie des Anges 41
        · Les Anges « bons » 41
        ° Les Anges 41
        ° Les Chérubins 41
        ° Les Séraphins 42
        ° Les « Êtres vivants » 43
        ° Les Archanges 43
        · Les Anges « mauvais » 44
        ° Les Anges emprisonnés 44

° Les Anges en liberté 44
  ° Les Démons 44
    · Satan 45
  f - L'œuvre des Anges 48
    · L'œuvre des Anges « bons » 48
    ° Les Anges au service de Jésus 48
    ° L'œuvre générale des anges « bons » 49
    · L'œuvre des Anges « mauvais » 50
    ° Dire la bonne aventure 52
    ° L'adoration directe des Démons 52
    ° Le spiritisme 53
    · L'œuvre de Satan 53
    · La destinée des Anges « bons » 54
    · La destinée des Anges « mauvais » 54
    ° Le destin de Satan 55
  g - Quelques emplois du terme « ange » 56

III - Qu'est-ce que le Malāk ?
  A - Univers invisible - Conception islamique 61
  B - Origine du Malāk 63
    1 - Qu'est-ce que le Malāk ? 63
    2 - Nāfs et Roūh - Notions 64
  C - Constitution du Malāk 66
    1 - Malāyka entités noūriques 68
      a - Notions sur la lumière 68
      b - Quelques théories sur la lumière 70
        · Théorie corpusculaire de la lumière. 70
        · Théorie ondulatoire de la lumière 71
        · Quanta de lumière 71
        · Théorie électromagnétique de la lumière 71
        · La Vitesse de la lumière 71
      c - Idée d'une vitesse malākienne 72
        - Vitesse Fikr 74
    2 - Malāyka n'a pas de masse [« charge »] 76
      a - Masse et poids 76

3 - Malāyka sont invisibles 81
  a - Qu'est ce que l'Invisible ? 81
    · Le sens 81
  b - L'Invisible devenu visible grâce à la Science 82
    · Le monde des microorganismes 82
    · Les rayonnements invisibles 84
      ° Ondes radio 85
      ° Micro-ondes 86
      ° Infrason 86
      ° Ultrason 87
      ° Rayons X 88
      ° Infrarouge 89
      ° Lumière visible 89
      ° Ultraviolet 90
      ° Rayons gamma 90
    · Molécules olfactives 90
  c - L'Invisible qui reste pour l'instant Invisible 92
  d - L'Invisible inconcevable, impossible à saisir 94
4 - Malāyka asexués 94
  a - « Koūn Fāyākoūn » [« Sois ! » et elle est] : action créatrice 96
5 - Malāyka ne sont pas immortels 98
D - Fonctions du Malāk 101
  1 - Malāyka soumission et libre-arbitre 101
  2 - Malāyka messagers divins 103
  3 - Malāk délivre Message à Moūhammad 105
  4 - Malāyka prennent apparence humaine 107
  5 - Malāk Jībrīyl se présente à Māryām 108
  6 - Malāyka arrivent chez Ibrahiym 110
  7 - Malāyka n'absorbent pas de nourriture 111
  8 - Malāyka annoncent la nouvelle à Ibrāhiym 114
  9 - La mission punitive des Malāyka 117
  10 - Malāyka chez Moūwça et le Sāmiriy 120
  11 - Malāyka scribes 121

12 - Malāyka gardiens-protecteurs de l'Homme 124
13 - Malāk al-Māwt [Malāk de la mort] 125
14 - Malāk Jībrīyl 126
15 - Malāyka « portent » le « trône » 127
16 - Malāyka s'adonnent à l'adoration divine 128
17 - Malāyka guerriers célestes 129
18 - Malāyka acquièrent la connaissance d'Allah 131
19 - Malāyka et le Sīhr 134
20 - Malāyka gardiens du Janna [« Paradis »] et de
Jahānāmā [« Enfer »] 138

IV - Interprétation intellectuelle du Malāk
  A - Concevoir le Malāk.. 143
    1 - Malāk et supraphysique 145
    2 - Problématique de la conception malākienne 147
    3 - Malāk et inhérence 149

Conclusion

Index alphabétique

Table des Matières

© 2015, Boutammina, Nas E.
Edition : Books on Demand, 12-14 rond-point des Champs Elysées, 75008 Paris
Impression : Books on Demand GmbH, Allemagne
ISBN : 9782322017522
Dépôt légal : mai 2015